아이를 글로벌 리더로 키우는 **엄마의 질문법**

아이를 글로벌 리더로 키우는

엄마의 질문법

김미라 · 이남석 지음

한겨레에듀

엄마는 위대하다
질문하는 엄마는 더 위대하다

아이의 안전과 건강을 보살피고, 아이의 앞날에 좋을 만한 것을 가려 주는 것은 아주 힘든 일이다. 다른 사람이라면 섣불리 할 수 없는 일, 그런 위대한 일을 매일 하고 있는 사람이 바로 엄마이다. 하지만 아무리 위대하다고 해도 그것이 아이에게 필요한 전부는 아니다.

아이의 몸과 마음은 시시각각으로 변한다. 그리고 그에 맞게 아이의 요구도 변화무쌍하다. 아이는 마치 계속 새 요구를 생산하는 공장 같다. 아주 어릴 때는 먹을 것을 주고 함께 놀아 주는 것만으로도 충분했다. 그러나 자라면서 책도 그냥 책이 아니라 재미있는 것을 바라고, 학원이나 선생님에 대해서도 까다로워지고, 책상과 의자, 옷, 밥 먹는 것 등 매사에 자기의 스타일에 맞는 것을 요구한다. 그렇게 끊임없이 변하는 아이의 요구에 맞추다 보면 어느새 아이는 훌쩍 크고, 엄마는 지친다.

엄마의 몸과 마음이 힘들어도 그나마 아이가 만족하면 다행이다. 그러나 야속하게도, 그렇게 키운 아이는 아이대로 엄마에게 불만이다. 엄마가 하라는 대로 제 나름대로 열심히 했지만 행복하지도 않고, 앞길이 훤히 보이지도 않는다고 투덜댄다.

요즘은 중고등학교 때까지만 적극적으로 뒷바라지하면 되는 세상이 아니다. 20대가 되어 엄마가 아이에게 이제 다 컸으니 네가 알아서 길을 찾으라고 하면 아이는 당황한다. 책임을 다했다고 생각하는 엄마 앞에서 무책임하다는 말까지 서슴없이 한다. 엄마는 예전 부모들보다 더 세심하게 최선을 다한다고 여기지만, 요즘 아이들은 자랄수록 부족함을 느낀다. 야속하지만 현실이 그렇다.

아이로서도 엄마의 지원이 야속하기만 하다. 세상은 점점 글로벌 수준으로 경쟁이 치열해지는데, 엄마의 지원은 그 경쟁을 이겨 내기에 턱없이 약한 것 같기 때문이다. 그런 상황에서 자립심을 가지고 제 앞길을 헤쳐 가라고 엄마가 밀할 때마다 배신감을 느끼게 된다. 그동안 임마는 길을 보여 주거나 길을 헤쳐 갈 능력을 키워 주지 않았기 때문이다. 아이가 보기에 엄마는 그저 자기가 필요한 것을 말하면 열심히 찾아서 가져다주는 지원자에 지나지 않는다. 힘든 세상에서 엄마처럼 든든한 지원자를 얻기는 쉽지 않다. 하지만 경쟁이 심한 사회에서는 지원자 힘만으로는 성공할 수 없다. 자기 능력을 가지고 있어야 성공할 수 있다.

한번 자신을 돌이켜 보자. 아이의 성공에 도움이 될 능력을 키워 주려고 최선을 다하고 있는지, 아이의 요구에 맞추려 최선을 다하고 있는지 말이다. 둘 다 하기 힘들고, 또 그 나름대로 의미가 있는 일이다. 하지만 아이가 대학생이 되었는데도 엄마가 교수를 찾아가 이런저런 부탁을 해야 한다면, 그 엄마가 한 일을 위대하다고 할 수 있을까? 그렇게 해서라도 아이가 잘 된다면 좋은 것 아니냐고 반문할 수도 있다. 하지만 자기 능력이 아니라 지원자의 능력으로 성공하는 아이, 즉 지원자가 없으면 어떻게 될지 모르는 아이가 정말로 이 세상에서 성공할 수 있을까? 설사 성공한다 해도 그 성공이 오래갈 수 있을까? 심지어 고시에 붙어 사법연수원에 간 다 큰 아이의 스터디 그룹까지 짜 주는 엄마까지 있다고 한다. 그렇게 의존적으로 공부한 검사와 변호사가 그 분야에서 최고가 될 수 있을까? 이 질문의 답은 간단하게 확인해 볼 수 있다. 여러분은 그렇게 엄마에게 의존하며 사는 검사와 변호사에게 사건을 맡기고 싶은가? 아이를 성공으로 이끌고 싶은 마음이 가장 강한 사람은 바로 엄마이다. 하지만 엄마의 그 마음이 실제로 아이를 당당한 리더로서 성공하는 길로 이끌고 있다고 말할 수 있는가?

스스로 세상에서 우뚝 설 수 있는 능력을 갖추도록 아이를 키우는 것은 쉽지 않다. 어려운 만큼, 성공시키면 위대한 일이기도 하다. 아이의 인생이 완전히 달라질 수 있는 선택. 그런 일에 다른 사람이 나설 수 있을까? 나선다고 해도 정말 엄마만큼 헌신적으로 최선을 다할 수 있을까? 이왕 아이에게 최선을 다해야 한다면, 아이의 지원자로서가 아니라 다른 수준에서 아이의 인생에 도움이 될 생각을 해야 한다. 아이가 세상과 제대로 소통하면서 자기 인생을 꾸려 갈 수 있도록 끊임없이 자극하는 사람이 되어야 한다. 마치 화학 실험에서 쓰는 촉매처럼 말이다.

과학 실험 장면을 떠올려 보자. 어떤 용액에 촉매를 넣으면 부글부글 끓으면서 전혀 다른 성질을 보이는 것을 본 경험이 한번쯤 있을 것이다. 마치

이 용액처럼 놀랍게 변할 수 있도록 하는 기회가 아이의 인생에 있다면 얼마나 좋을까? 그리고 그 기회가 자주 있다면 얼마나 좋을까? 그 기회를 주는 사람이 바로 엄마라면 얼마나 멋질까? 엄마가 매일 공부하라고 말해야 조금씩 책을 들추어 보는 식으로 변하는 것이 아니라, 완전히 자기주도적 학습을 하는 아이로 변한다면 얼마나 좋을까? 이 모든 것이 가능하다. 간절한 바람에 맞는 노력을 한다면 글로벌 경쟁력을 완벽히 갖춘 인재로 아이를 변화시킬 수 있다. 단, 엄마부터 새로운 결심을 해야 한다. 아이의 변화에 끌려다니며 요구를 해결해 주는 엄마가 아니라, 아이의 변화를 이끌어 가는 엄마가 되어야 한다. '지원자' 엄마가 아니라, 과학 실험의 촉매 역할을 하는 '촉진자' 엄마가 되어야 한다.

엄마는 안 바뀌는데 아이가 척척 바뀌는 일은 있을 수 없다. 그렇다면 촉진자 엄마가 되는 가장 빠른 길은 무엇일까? 그것은 바로 '질문'이다. 질문은 지식을 있는 그대로 전달하는 강의가 아니다. 아이가 자기 머리로 생각해 답을 내놓게끔 생각을 촉진하는 단서이다. 마치 과학 실험에서 새로 쓴 촉매제처럼 말이다. 이 책의 본문에 소개된 여러 사례에서도 확인할 수 있듯이 질문법의 힘은 아주 강하다. 이제 여러분이 할 일은 그 힘을 이용해서 아이의 미래를 바꾸는 것이다.

교육은 영어로 education이다. 이말은 라틴어 'educare'에서 유래했다. 그런데 'educare'는 '이끌어 낸다'라는 뜻을 가지고 있다. 답을 이끌어 내기 위해 질문을 던지는 것이 바로 그렇다. 질문법이 효과적인 교육 방안일 수 있는 것도 교육의 이런 기본 취지에 맞기 때문이다. 그동안 잘못된 교육관 탓에, 교육이란 '이끌어 낸다'가 아니라 '지식을 전달한다'나 '외우게 한다'처럼 여겨지게 되고 말았다. 이제 더는 낡은 개념, 잘못된 이해로 아이의 미래를 어둡게 할 수 없다. 지금은 21세기이다. 올바른 교육관으로 새롭게 조명된 질문법을 통해 아이의 앞날을 밝게 변화시켜야 할 때이다.

엄마에게 교육적으로 의미 있는 질문을 받은 아이는 그렇지 않은 아이와 어떤 차이가 있을까? 아직 이 책의 내용을 보지 않은 상태에서도 여러분은 멋진 변화를 예상할 수 있을 것이다. 그렇다. 21세기에 걸맞은 공부를 하며 쑥쑥 자라, 글로벌 리더를 꿈꾸는 멋진 사람으로 변할 것이다. 이 책은 그 변화의 사례와 근거, 노하우를 모두 보여 주고자 기획한 책이다. 그리고 이해가 쉽도록 본문은 요리책과 같은 구성을 따랐다. 이제 아이의 미래를 건강하게 다지는 지성의 식단을 꾸며 보자.

이 책에는 다양한 질문법으로 얻을 수 있는 다양한 21세기 지식과 기술들이 소개되어 있다. 언뜻 보면 낯설어서 부담스러울 수 있는 내용이다. 하지만, 제1장, 제2장에 소개된 질문법의 핵심을 익히면 그리 어려울 것도 없다. 멋진 요리도, 처음에는 엄두가 안 나지만 요리책을 보고 따라 하면 웬만큼 만들 수 있게 되는 것과 같은 원리이다. 그리고 아무리 좋은 음식도 한 가지만 아이에게 먹이면 쉽게 질리고 영양 공급도 고루 되지 않아 건강을 해치기 마련이다. 그때그때 다양한 것을 준비해 주어야 하지 않는가. 그래서 이 책에서는 다양한 질문법과 기술들을 종합적으로 담았다.

요리를 잘하려면 무턱대고 만들기 시작할 게 아니라 우선 요리의 유래와 특징을 잘 알고서 포인트를 잡아 공략해야 한다. 제3장 이하 각 장의 서두에서는 21세기 글로벌 리더로 자라나는 데 필요한 지식과 기술의 특징을 소개했다. 그다음에는 그 지식과 기술을 계발해 줄 수 있는 질문법을 제시하였다. 이때 질문과 관련된 여러 사례들은 되도록 초등학교 교과서나 수행 과제의 내용을 바탕으로 구성했다. 물론, 질문법이란 한 교과에만 해당하는 게 아니니, 다른 분야에도 적극적으로 응용해 활용하시기 바란다. 한 가지 더. 식성이 다르듯이 아이마다 성향도 다른 법. 엄마들이 이 책의 여러 질문들을 결합하거나 변형해서 아이에게 맞는 '맞춤형' 질문을 개발하시면 좋겠다. 그래서 질문하는 엄마로서 자신의 가능성과 한계를 동시에 확인하고 맞춤식으로 질문을 만들 수 있도록, 책의 곳곳에 점검 포인트를 제시하였다. 점검 포인트들은 아이가 자기 위치를 확인하는 데도 도움이 될 수 있으니, 아이에게도 물어보시기 바란다. 엄마와 아이가 빈칸에 자신의 생각을 써넣어 가며 능동적으로 이 책을 읽는다면 분명 좋은 결과를 얻게 될 것이다.

이 책에는 국내에 새롭게 소개되는 학습 모델인 질문법, 지식, 사례 등 참신한 내용이 많다. 새로운 만큼, 먼저 익혀서 활용할수록 경쟁력이 커질 수밖에 없다. 새로운 21세기 질문법을 적극 활용하여 아이들을 글로벌 리더로 잘 키우시기를, 두 저자 모두 엄마아빠의 마음으로 간절히 기도해 본다.

2012년 5월

김미라, 이남석

 차 례

01

왜 질문법인가?

"인간은 운명의 노예가 아니라
자기 생각의 노예다."
_프랭클린 루스벨트(미국 32대 대통령)

열심히 하는 것으로는 부족하다

아이에게 좋은 교육법을 찾아 헤매는 부모가 많다. 마치 유목민들이 척박한 환경에서 초원을 찾아 방랑하듯, 언제나 눈과 귀를 열고 정보를 모은다. 학원, 과외, 책, 가리지 않고 다른 사람이 효과를 봤다는 것이 있으면 아이에게 가져다주려고 최선을 다한다. 왜? 그것이 아이의 미래를 바꿀 수 있다는 생각에서이다. 하지만 불행히도 결과는 부모와 아이의 기대에 못 미치기 일쑤다. 또다시 다른 학원, 과외, 책을 찾는다. 이런 과정이 반복된다. 그러다 보면 열심히 한 것 같은데 성과는 없는 것 같아 어느 순간 훅 지친다. 그러나 주저앉아 있을 수만은 없다. 아이는 과거보다 더 극심한 경쟁 사회에서 살아야 한다. 엄마가 지쳐 있는 사이에 아이의 미래가 그만큼 뒤처질 수 있다는 생각에 꺾였던 무릎을 다시 추스른다. 아예 까치발을 한다. 눈을 더 크게 뜨고 귀를 더 활짝 열고 예전보다 더 많은 것을 알아내어 아이에게 영양가 있는 것만 물어다 주려고 한다.

엄마의 질문법

이게 요즘 부모의 현실이다. 아니, 과거이자 미래이기도 하다. 자식을 위해 부모가 최선을 다하고, 고민을 하고, 지쳐도 다시 일어나 새로운 도전을 하는 것은 새롭지 않은 일이다. 그런데 그런 노력을 굳이 지금처럼 해야 하는가에 대해서는 진지하게 고민해야 할 때이다. 왜냐하면 정작 아이는 새로운 미래를 준비하는 것이 행복하지 않기 때문이다. 그리고 활기가 없어진 아이와 함께 생활을 하며 억지로 이끌어야 하는 부모도 행복하지 않은 경우가 대부분이다. 억지로라도 한 것이 나중에 조금이나마 효과가 있으면 좋으련만, 국내의 교육법으로 배운 아이들은 외국 아이들과 큰 격차를 보인다. 자기주도적 학습 능력이 떨어져 글로벌 경쟁을 견뎌 내지 못한다. 대학에서는 입학사정관제를, 회사에서는 다양한 면접 등 인재 선발 방법을 통해 그저 성적만 좋은 사람이 아니라 스스로 문제를 찾아서 해결할 줄 아는, 창의적이면서 자율적인 사람을 뽑는다.

좀 나을까 해서 경제적 부담을 안고 외국에 보내 보지만, 부적응과 일탈 행동 등의 부작용이 심하다. 미리 준비되어 있지 않은 아이는 국내든 외국이든 남들이 좋다는 교육법을 접해도 성공을 하기 힘들다. 다른 사람의 성공 속에 숨어 있는 원리를 모르는 채 무조건 가져다 붙여 준 학원, 과외, 책을 통해 아이의 미래가 밝아질 확률은 거의 로또 당첨 확률에 가깝다. 우연히 맞으면 대박이지만, 그렇지 않으면 쪽박만 계속 차기 십상이다. 그러니 자신에게 맞는 준비를 해야 한다. 이렇게 길게 내다보고 하는 공부는 상대적으로 입시 부담이 적은 초등학교 저학년 때부터 준비하는 것이 가장 좋다. 그렇다면 어떤 공부를 해야 할까?

모두가 사고력 계발을 위한 공부를 해야 한다고 한다. 창의성도 사고력에서 나오기 때문이다.

그러나 실제로는 지식을 머리에 욱여넣으려는 주입식 공부를 시키고 있다. 예를 들어 보자. 학교에서는 "이순신 장군이 발명한 철갑선의 이름은 무엇인가?"와 같은 질문을 한다. 하지만 이 질문은 사고력을 자극하는 질문이라기보다는 사실 확인을 하는 질문이다. "이순신 장군은 왜 거북선을 발명했을까?"가 사고력을 촉진하는 질문이다. 단순한 지식을 적용하는 것이 아니라, 여러 요소를 검토해서 자기 생각을 말하도록 유도하기 때문이다. 사실 확인을 위한 단답형 질문과 사고력 촉진 질문 중 어느 질문을 받았을 때 아이의 머리가 더 향상될까? 물론, 사고력 촉진 질문이다. 그런데 문제는 그런 줄 알면서도 엄마가 실행하기 힘들다는 데 있다. 학원에 가도 단답형으로 질문을 하거나 암기용 프린트물을 줄 따름이다. 책도 마찬가지다. 현실에 적용 못 할 퍼즐식 문제가 가득하거나, 엉뚱한 질문이 창의성의 표상이라도 되는 양 오도하는 것이 대부분이다. 이 질문이 왜 좋은 질문이고 아이의 생각을 키우려면 어떻게 하면 좋은지 알려 주거나, 아이가 자신의 생각을 이야기했을 때 아이의 상황을 객관적으로 확인하게 해 주는 책은 드물다. 그래서 이 책을 쓰게 된 것이다.

초등학교 저학년만 되어도 학교 숙제를 하기 위해 인터넷을 검색하는 시대이다. 이런 시대에는 단답형 지식에만 잘 적용하는 것으로는 경쟁력을 갖출 수 없다. 한반에 있는 다른 아이들과 다른 답, 즉 창의적 답을 내놓을 수 있어야 선생님의 눈에 띈다. 그리고 좋은 평가를 받을 수 있다. 즉, 정보를 설득력 있게 잘 조합하여 내놓을 수 있는 능력을 갖추어야 한다.

최근에는 초등학교 3학년에게 묻는 질문과 원하는 답의 형태가 바뀌고 있다. 예컨대 "대한민국의 국보 1호는?"이라는 문제가 "왜 남대문이 대한민국의 국보 1호인가?"로 바뀌게 된 것이다. 이런 질문을 통해 아이들은 남대문의 위대성과 함께 국보 선정의 기준과 의의를 이해하게 된다. 이런 문제에는 유일한 정답이란 있을 수가 없다. 여러 개의 다양한 답 중에서 가장 설득력이 큰 것이 최우수 평가를 받는 것이다. 어떤 답이든 많이 알고 아는 것을 남보다 빨리 말하면 최우수 학생이 될 수 있었던 시대가 저물고 있는 것이다. 평가 방법이 달라지면 학습 방법 역시 그에 걸맞게 변화해야 할 것이다.

무조건 많이 알고 무조건 빨리 답하는 학습 전략으로는 살아남을 수 없는 시대가 21세기이다. 아이의 사고력을 촉진시키는 새로운 공부법으로 아이의 미래를 열어 주려 노력하지 않고 무작정 다른 학원, 과외, 책 등을 찾다가는 부모가 오히려 아이의 성장을 막게 되는 시대에 우리는 살고 있는 것이다.

정말로 중요한 지식은 따로 있다

1984년, 뉴질랜드 오타고대 제임스 플린(James Flynn) 교수는 미국 군대 지원자들의 IQ 검사 결과를 종합하여, 전체 평균점이 10년마다 3점씩 올라간다는 사실을 처음으로 밝혀냈다. 이런 현상을 그의 이름을 따 '플린 효과(Flynn Effect)'라고 한다. 1950년대부터 1980년대까지 유럽, 미국, 호주, 뉴질랜드, 일본의 IQ 검사에서 모두 이런 현상이 관찰되었다. 이 현상은 그 후 심리학뿐 아니라 진화생물학, 사회학 등 다양한 분야에서 논쟁거리가 되었다. 그런데 정말로 지능지수가 상승하는 것만큼 사람들은 똑똑해지고 있을까?

저명한 심리학자 울릭 나이서(Ulric Neisser) 교수는 1930년대의 IQ 100은 현재의 기준으로 IQ 80밖에 되지 않는다는 결과를 내놓기도 했다. 하지만 영국 런던대 응용심리학과의 셰이어(Shayer) 교수가 2006년에 발표한 연구 결과에 따르면, 현재 아이들은 7년 전의 아이들보다 덜 똑똑하며 심지어는

15년 전의 아이들보다도 덜 똑똑하다. 15년 전 아이들 대부분이 풀 수 있었던 문제를 요즘 아이들은 1/2이나 1/3 정도만이 풀 수 있었다. 플린 효과의 측면에서 보면 이런 결과는 매우 의아하다. 부모가 아이 때의 자기와 지금 아이들을 비교해 보더라도, 요새 아이들이 훨씬 더 아는 것이 많다는 것은 확실하다. 그렇다면 왜 IQ 점수는 올라가는데 아이들은 덜 똑똑해지는 현상이 발생할까?

플린 교수는 IQ 총점의 증가를 강조했다. 하지만 IQ 점수의 향상 폭은 세부 영역별로 달랐다. 즉, 플린 효과는 글과 말로 이루어지는 언어적 검사보다 그림으로 이루어지는 비언어적 검사에서 더 강하게 나타났다. 그리고 지식을 묻는 결정지능 검사보다 추론 능력을 묻는 유동지능 검사에서도 상승 폭이 더 뚜렷했다. 그렇다면 현대인들은 비언어적 능력과 추론 능력이 과거보다 더 좋아진 것일까? 그런데 왜 셰이어 교수의 연구 결과에서는 그렇지 않게 나온 것일까?

플린 교수와 나이시 교수는 IQ 검사지의 문제를, 셰이어 교수는 실제로 아이들이 풀고 있는 문제를 대상으로 실험을 한 것에 주목할 필요가 있다. 부모나 교사들은 IQ 점수에 민감하다. IQ가 지적 능력을 나타낸다고 철석같이 믿고 있다. 그래서 부모는 IQ를 높여 준다는 책을 읽히거나 학원에 보낸다. 꼭 책을 읽거나 학원에 가지 않더라도, 아이들은 여러 번 지능 검사를 하면서 지능 검사의 패턴에 익숙해진다. 또한, 아이가 심심풀이로 푸는 문제나 학교에서 퀴즈로 내는 문제에도 지능 검사와 비슷한 문제들이 나온다. 즉, 아이들은 예전에 비해 지능 검사 패턴을 훨씬 더 잘 알게 되었다. 문제 유형에 익숙해지면 그것만으로도 점수는 오른다.

미국 미시간대 심리학과의 수잔 재기(Susanne Jaeggi) 박사의 연구에 따르면, 별다른 지능 검사 훈련을 하지 않고 시험만 반복해서 본 집단에서 IQ는 약 6점 정도가 상승한다. 만약 IQ 100에서 IQ 106이 되었다면 상위 50%에서 상위 34%로 올라가고, IQ 110에서 IQ 116이 되었다면 상위 25%에서 상위 14%가 될 정도로 획기적인 발전이다. 수잔 재기 박사는 '엔-백(n-back)'이라는 검사를 거듭하는 기억 훈련을 실험 참가자에게 19일 동안 시키기도 했다. 그 결과 IQ 점수는 10점이 올랐다. 그리고 그 기억 훈련법의 효과는 3개월 후에도 여전히 지속되었다.

지금까지 한 이야기를 종합하면, 사람은 더 똑똑해지지 않고도 IQ 점수가 높아질 수 있다. 특히 암기 위주의 공부를 시키는 환경에서 자란 아이는 IQ 점수는 높은데도 사고력이 특출하지 않고 공부도 못한다는 이상한 현상을 보이게 된다. 그런 아이를 보며 부모는 한마디 한다. "우리 아이가 머리는 좋은데……."

IQ 점수나 아이가 암기하고 있는 것의 양과 종류만으로 아이의 지적 능력을 파악해서는 안 된다. 단순 보유하고 있는 지식의 양이나 종류를 알아보면 분명 지금의 아이들이 과거의 아이들보다 똑똑하다. 그러나 보유하고 있는 지식을 어떤 장면에서 어떻게 활용할 것인지에 관한 지식에서는 요즘 아이들이 과거의 아이들보다 덜 똑똑하다. 결국, '무엇'은 많이 알고 있는데 '어떻게'와 '왜'는 취약하다는 것이다. '무엇'은 온라인 강의와 오프라인 수업, 정보검색 등을 통해서 쉽게 제공할 수 있다. 그렇다면 '어떻게'와 '왜'에 관한 지식과 기술을 전달할 수 있는 가장 좋은 교육법은 무엇일까?

심리학자들은 지식을 크게 두 가지로 나눈다. '무엇'과 관련된 서술적 지식. 그리고 '어떻게'나 '왜'와 관련된 절차적 지식이다. 서술적 지식이 사실에 관한 지식이라면, 절차적 지식은 일을 처리하는 기술이나 사물의 작동 원리에 관한 지식이다.

예컨대, "자전거를 잘 타려면 어떻게 해야 할까?" 답은 '균형을 잘 잡아야 한다'쯤이 될 것이다. 그러나 이렇게 대답을 한 사람 중에는 실제로 자전거를 잘 타는 사람도 있고, 그렇지 않은 사람도 있을 수 있다. 서술적 지식만 가지고 있는 사람은 답은 맞힐 수 있지만 직접 균형을 잡을 수는 없다. 왜냐하면 균형을 잡는 데 필요한 절차적 지식이 없기 때문이다. '왜' 자전거가 기울면 몸을 반대쪽으로 기울여야 하며, '어떻게' 다시 정상 상태로 돌아갈 수 있는지 등에 관한 지식이 없기 때문에 직접 실행할 수는 없는 것이다.

반대로, 균형이라는 말의 의미도 모르면서 자전거를 씽씽 잘 타는 사람도 있을 수 있다. 서술적 지식이 머리로 아는 지식이라면, 절차적 지식은 몸으로도 알 수 있는 지식이다. 그래서 절차적 지식은 몸으로 직접 할 때에는 자연스럽게 활용되지만, 따로 질문을 하면 정확히 어떻게 하는 것인지 생각하거나 말로 표현하기가 힘들다. 왜냐하면 익숙해진다는 것은 그만큼 처리 과정이 자동화되어 의식할 수 없는 수준에 이르는 것을 의미하기 때문이다.

결국, 절차적 지식은 의식적으로 노력하던 것을 얼마나 자동화시켰느냐로 그 수준을 판단할 수 있으며, 자동화 수준이 높을수록 겉으로 표현하기가 더 힘들 듯하다. 그러나 절차적 지식은 이러한 예상을 보기 좋게 깨는 묘미가 있다. 이른바 장인이라는 사람들을 떠올려 보자. 진정한 전문가 수

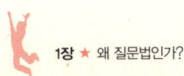

준에 가까워질수록 처음에는 몸으로 익혔던 절차적 지식을 머리로도 알게 되어, 명확하게 표현할 수 있게 된다. 즉, 절차적 지식은 단순히 무언가를 알고 있는 데에 그치는 것이 아니다. 그것은 '무언가를 알고 있다는 것을 알고 있다'는 이른바 '지식에 대한 지식', 즉 메타 지식(meta knowledge)이기도 하다.

노하우를 많이 가지고 있는 장인들은 "어떻게 그렇게 하시나요?"라는 질문에 조목조목 요령을 이야기한다. 물론, 유명한 맛집의 요리장 중에도 "그냥 하다 보니 맛있게 되더라"고 이야기하는 사람이 있기는 하다. 하지만 사실은 그런 사람도 맛의 원리와 조리법을 자세히 설명할 수 있는 능력을 갖추고 있다. 그렇지 않다면 어떻게 매번 똑같이 맛있는 음식을 내놓을 수 있겠는가? 그리고 조리법을 요리책으로 정리해서 낼 수 있겠는가? 결국, 어떤 분야의 전문가가 된다는 것은 자기가 몸으로 직접 익힌 절차적 지식을 서술적 지식으로 정리해서 제시할 수 있다는 것을 뜻한다.

미래 사회의 기업이나 조직에서는 내부에 많은 인원을 계속 두지 않을 것이다. 고정적으로 인건비가 나가는 것이 부담이 되기 때문이다. 사람이 필요하면 그때그때 외부 인력을 끌어다 쓰는 식으로 일을 한다. 물자가 필요하면 물자도 끌어다 쓴다. 매일 쓰는 회사 차도 구매를 하는 것이 아니라 장기 리스 계약으로 임대를 하는 세상이다. 몇 년간 진행할 프로젝트에서도 필요한 전문성을 갖춘 외부 인력과 계약함으로써 문제를 해결하려고 한다. 이것을 아웃소싱(outsourcing)이라고 한다. 그런데 아무리 물자와 인력을 아웃소싱한다고 해도 해결할 수 없는 문제가 있다. 그런 자원이 '왜' 필요한지, 혹은 '어떻게' 조합할 것인지에 대한 의사 결정은 내부자가 할 수밖에 없다. 그리고 그런 결정을 잘하는 사람이 조직에서 성공을 한다. 결국, 성공의 비결은 절차적 지식을 얼마나 가지고 있느냐인 셈이다.

그런데 학교에서 책을 통해 배우는 지식은 서술적 지식일 때가 많다. 그 분야의 전문가가 어떻게 책에 제시된 결론에 도달했는지 알아볼 기회를 잘 주지 않는다. 학원에서는 선행 학습이라며 아예 서술적 지식만 암기하게 한다. 그래서 아이들은 정보를 자기 나름대로 조합해서 답을 내는 것과 같은 절차적 지식을 배우기 힘들다. 진정한 사고력 및 전문성의 향상을 위해서는 절차적 지식을 배워야 하는데, 불행히도 한국에서는 공교육이나 사교육 모두 이 문제를 해결하기 힘든 구조를 가지고 있다. 언제나 아이와 일대일 상호작용이 가능한 엄마와 같은 양육자가 길을 잡아 준다면 모를까?

일주일에 한두 번 잠깐 왔다 가는 학습지 교사나 수시로 바뀌는 과외 선생, 당장의 자기 교과목 성적 향상에 목을 매야 하는 학원 교사가 습관처럼 익혀야 하는 절차적 지식 문제를 해결해 줄 수 있을까? 이것은 아이가 혼자 책을 읽어서 해결할 수 있는 문제도 아니다. '어떻게'와 '왜'를 자극하는 질문을 계속 해 주는 사람이 있어야 한다. 그래야 평상시에도 사고력이 길러지고, 그것에 힘입어 아이의 미래가 밝아질 수 있다. 처음에 기틀을 잘 만들어 주면 아이는 스스로 자랄 힘을 가지고 있다. 처음부터 그럴 수 있는 것은 절대로 아니다. 처음에는 사고력이 바로 설 수 있도록 도와주어야 한다.

아이가 처음 걸음마를 할 때 그냥 놓아두지 않고 격려하면서 걷기 노하우 학습을 촉진하는 방법을 다양하게 썼던 것처럼, 아이가 사고력의 세계로 걸어 들어오도록 도와야 한다. 이것은 아이에게만 새로운 도전인 것이

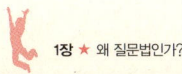

아니다. 엄마 자신에게도 새로운 도전이다. 그래서 부담스러울 수 있음을 안다. 하지만 그 부담을 인내와 책임감으로 이겨 낼 수 있는 사람도 부모밖에 없다. 그리고 그 열매를 아이와 함께 가장 기쁘게 나눌 사람 역시 부모밖에 없다.

어찌 보면 '사고력 촉진'이라는 방향은 이 책을 쓰기 시작하기 훨씬 이전에 이미 정해졌다. 구체적 방법이 없어서 문제였다. 그래서 이 책에서는 구체적 방법에 대하여 집중적으로 이야기하려 한다.

질문법 공부는 언제 시작하는 것이 좋을까?

질문은 아이가 스스로 더 좋은 생각으로 옮겨 갈 수 있는 징검다리를 놓아 주는 것이다. 부족한 점을 찾아내어 꾸짖거나, 모자란 점을 보완하라고 지적하기 위한 것이 아니다. 학교 선생님처럼 수행평가 자료를 확보하기 위해서 하는 것도 아니다. 성적을 매겨 다른 아이와 객관적으로 비교할 것도 아니니, 운용의 묘를 좀 살려야 한다. 아이가 조금 부족한 생각을 했더라도 우선은 그런 생각을 한 것부터 칭찬하자. 그리고 더 좋은 생각을 할 수 있도록 추가 질문을 하는 것을 잊지 말자. 부모의 질문은 야단을 듣는 과정이 아니라 칭찬을 듣고 재미있는 생각을 하게 되는 좋은 기회라는 인식을 아이에게 심어 주는 것이 중요하다. 그래야 아이 스스로 생각을 많이 하면서 사고력을 발전시킬 수 있다. 이 점은 필자가 상담한 목동의 M중학교 2학년생 종훈이의 사례를 통해서도 확인할 수 있다.

종훈이는 초등학생 시절에는 그런대로 학교 공부를 따라갔던 아이였다.

내성적인 편이고 별다른 반항기는 없었지만, 자기주도적인 공부를 하는 아이는 아니었다. 그래서 과외나 학원을 바꿔도 공부 실력이 웬만해서는 좋아지지 않고 근근이 현상 유지만 할 수 있었다. 그런데 그나마 중학생이 되자 현상 유지도 힘들어졌다. 수준별 교과 수업을 하게 되면서 아이는 주눅이 들었다. 어느 교과목이나 3등급 밖이었다. 수업 중에 선생님이 질문을 해도 틀릴까 봐 답을 못 하고 눈치만 보게 되었고, 집에서도 말수가 부쩍 줄어들었다. 수행평가 과제나 수업 중의 질문 같은 외부에서 주어지는 자극에 대해서 능동적으로 반응하기보다, 그 자극 자체가 사라질 때까지 어떻게든 버티려는 수동적 태도를 가지고 있었다.

상담을 시작한 지 오래지 않아 종훈이가 자기 효능감(self-efficacy)이 많이 낮다는 것을 알 수 있었다. 자기 효능감은 자신이 어떤 일을 잘할 수 있다는, 자기에 대한 믿음을 나타내는 심리학 용어이다. 그런데 중학교 1년 동안 여러 교과목에서 낮은 등급을 받다 보니, 종훈이는 무엇을 하든 다른 아이보다 뒤처질 것이라는 낮은 자기 효능감을 갖게 되었다. 그러다 보니 무언가 하려 하기보다는 피하기에 급급해졌다. 특히, 자기 실력이 드러날 수 있는 질문을 받는 것을 가장 꺼렸다.

학교에 다니는 아이들은 정답을 염두에 둔 질문 공세에 익숙하다. 그리고 그 문제에 대해 아는 것이 없다면 그냥 입을 닫고 마는 것에 대해서도 익숙하다. 그러나 창의성은 원래 정답이 없는 것이다. 창의성을 묻는 질문에도 당연히 정답이 있을 수 없다. 그런데도 아이들은 뭔가 정답이 있을 것이라는 선입견 때문에 잠시 머리를 굴려 보다가 적당한 답이 떠오르지 않으면 바로 포기하고 만다. 열심히 생각해도 정답과는 거리가 먼 좋지 않은 답밖에 낼 수 없다고 생각하기 때문이다.

애초에 종훈이의 부모는 아이의 학습 의욕 문제 때문에 상담을 요청했지만, 필자는 부모의 양해를 얻어 교과목 이외의 영역에 대한 문제해결에 더 신경을 썼다. 미술 작품을 보고 제목을 3개 정도 직접 생각해 오라는 숙제를 아이에게 낸 것이다. 아이는 처음에는 인터넷을 검색해서 '문제의 정답'을 맞히려고 했다. 하지만 그 미술 작품의 작가는 유명하지 않기 때문에 검색으로 자료를 얻기가 쉽지 않았다. 그리고 아예 작가 이름도 알려 주지 않았기 때문에 검색을 통해서 답을 맞추는 것이 거의 불가능했다.

과제를 내고 일주일 뒤에 상담 시간에 숙제 검사를 하려고 했더니 종훈이는 답을 제대로 하지 못했다. "열심히 생각했는데, 잘 모르겠어요." 이게 질문에 대한 종훈이의 답이었다. 그래서 "이것에 대해서 생각하면서 작품의 소재가 무언가와 닮았다는 생각을 해 보지는 않았니?"라는 질문을 해 보았다. 종훈이는 주저주저하다가 자신 없는 목소리로 우물쭈물 몇 단어를 짧게 답으로 내놓았다. 일단 칭찬을 했다. "좋아. 그렇게도 생각할 수 있어. 맞아, 여기 보면 꼭 장미같이 생겼네." 그리고 다음 생각을 자극할 수 있는 과제를 내주었다. "방금 선생님이 한 것처럼 스스로 질문을 해서 다음 주까지 세 가지 제목을 생각해 오렴. 더 재미있는 생각을 듣고 싶은걸."

자기에 대한 긍정적 반응을 듣자, 아이는 자기 생각에 대해 자신감이 생겼다. 그리고 실제로 잘할 수 있다는 긍정적 생각을 더 많이 하게 되었다. 아이의 성적도 자연스럽게 올라갔다. 공부할 때 중요한 항목을 골라서 외우거나 시험지에서 답을 고를 때 자기 선택에 대해서 불안감이 줄다 보니 주어진 과제 자체에 더 집중할 수 있게 되어서 얻은 성과였다. "더 재미있는 생각을 듣고 싶다"고 아이에게 했던 말은 사실은 "지금 생각이 완벽하지는 않다"는 평가를 담고 있는 말이다. 하지만 그것을 있는 그대로 "너, 왜 이것밖에 못했니?"라고 하면 아이는 주눅이 든다. 질문을 한 목적이 생각을 촉진시키는 것이었으니, 평가를 내리기보다는 다른 생각을 계속할 수 있도록 유도하는 것이 더 중요하다. 이처럼, 만족스러운 답을 아이가 하지 못한 경우에는 숙제를 다시 주되 더 세부적으로 나누어 주는 식으로(제목을 더 많이 생각하도록 하는 것처럼) 계속 생각 만들기에 도전하게 이끌어야 한다.

종훈이의 경우에는 다행히 위와 같은 방식으로 지도한 결과 효과가 있었다. 하지만 모두 종훈이처럼 좋은 성과를 얻는 것은 아니다. 이러한 질문법을 내신 성적과 입시에 대한 부담이 커지는 중학생이 되어서 학습하려다 보면, 주입식 학교 공부와 달라서 오히려 헷갈려 하는 경우가 있다. 이미 잘못된 학습 습관에 젖어 아이 스스로 거부하는 경우도 있다. 더 이상 잃을 것이 없다고 여겨지는 상태가 되면 적극적으로 질문법을 받아들여 효과를 보지만, 어중간한 성적을 내고 있는 경우에는 부모나 아이 모두 필요성을 별로 못 느끼고 초기에 포기를 한다. 학원이나 학교 모두 발등에 입시의 불이 떨어졌다고 강조해서 부모와 아이를 더 조급하게 만들기 때문에, 장기적 포석으로 질문법을 학습하기가 여간해서는 쉽지가 않다. 그래서 필자들은 상대적으로 마음과 시간에 여유가 있고 10대 초반으로서 생각도 비약적으로 확장되는 시기인 초등학교 고학년 때 질문법을 공부할 것을 적극 추천한다.

종훈이도 초등학교 고학년 때 미리 질문법으로 공부하는 습관을 들였다면, 중학교 생활에 적응 못 해 힘든 시기를 보내지 않아도 되었을 것이다. 질문법으로 주어진 문제에 대해서 깊이 있는 생각을 하는 훈련을 했더라면, 초등학교 때와는 달리 다양한 과목의 주제들을 동시에 공부해야 하는 환경이 그렇게 낯설지만은 않았을 것이다. 또한 질문법을 통해 적극적으로 자신의 생각을 말하는 훈련을 했더라면, 내신의 서술형 문제나 수행평가 등 다양한 평가에서도 좋은 점수를 받았을 것이다. 이러한 여러 이유로, 중학교 특정 교과목을 선행학습하기보다는 전 과목 공부에 대한 적응력과 사고력을 키워 주는 질문법 공부를 초등학교 고학년 때 하기를 권하고 싶다.

뜸을 들여야 맛있는 생각이 나온다

가족이나 연인에게는 운전을 배우면 안 된다는 말이 있다. 화기애애한 분위기로 시작했다 하더라도 결국 가르치는 사람이 고래고래 소리를 질러 안 좋게 끝나기 십상이다. 배우는 사람 입장에서는 운전 기술을 조금 얻는 대신 마음의 상처를 크게 입게 된다.

부모가 아이를 가르칠 때에도 비슷한 상황이 벌어지기 쉽다. 유치원이나 초등학교 저학년 때 셈을 잘하지 못하면 아이는 엄마에게 물어본다. 엄마는 아이를 위하는 좋은 마음으로 학습지나 학원 교재, 교과서 등 아이가 가지고 있는 자료를 책상 위에 편다. 그리고 학습지 선생님, 학원 강사, 학교 교사를 모두 합쳐도 쫓아오기 힘든 열정으로 아이에게 개념을 설명하기 시작한다. 그래도 아이는 여전히 잘 모르는 눈치이다. 그래서 셈을 이해시키기 위해 그림을 그린다. 아니면 필기구, 동전, 양말, 과일 등 눈에 보이는 것들을 동원한다. 더하기와 빼기가 아이 눈에 직접 보일 수만 있다면 뭐든지 할 기세로 최선을 다한다. 이제 아이는 엄마가 보여 준 동전이나 양말을 가지고 더하기, 빼기를 한다. 하지만 문제집에 있는 숫자만 나오는 문제는 여전히 풀지 못한다. 아이는 개념이 이해되지 않아 눈을 끔벅거리지만, 엄마가 답답해서 언성을 높이면 재빨리 고개를 끄덕인다. 엄마 입장에서는 아이가 다 이해했다면서 문제를 계속 못 푸니 더 화가 난다. 결국에는 공부고 뭐고 감정이 폭발하고야 만다. 아이는 숫자가 구체적 사물을 표현하는데 어떤 의미가 있는지 개념이 잡히지 않아 고생하고 있다. 그런데 엄마는 아이에게 겉으로 드러난 학습 목표인 수의 조작만 실감 나게 보여 주느라 최선을 다한다. 왜냐하면 눈에 보이지 않는 과정보다는 눈에 보이는 결과물이 엄마에게는 더 중요하기 때문이다.

아이에게도 이런 경험은 좋지 않다. 학교나 학원에서 등급표가 박힌 물건처럼 대우받으며 동급생끼리도 반이 나뉘어 공부할 때보다, 공부를 직접 보아주겠다고 나선 부모의 짜증 섞인 호통에 아이의 마음은 더 멍들기 쉽다. 가까운 사람에게서는 질책이나 짜증이 아니라 정시적 지지를 더 많이 기대하기 때문이다. 잔뜩 기대를 했는데 현실은 반대이니 절망도 그만큼 크다. 공부를 좀 배워 보겠다고 했다가 감정의 골만 더 커지니, 아이 입장에서도 득보다 실이 더 크다.

자, 생각해 보자. 운전 연수나 셈 교육 사례에서 얻을 수 있는 교훈은 무엇일까? 가까운 사람끼리는 아무것도 가르치지도 배우지도 말자일까? 아니면, 직접 해결하려 하지 말고 돈이 들더라도 마음 편하게 전문가에게 맡기자일까? 그건 아닐 것이다. 상황을 다시 한 번 생각해 보자. 운전 연수나 셈 공부 모두, 가르치는 사람이 배우는 사람을 너무 몰아가려 했다. 내가

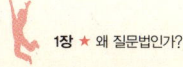

열성적으로 하니까 너도 그만큼 빨리 확실히 달라져야 한다는 마음으로 상대방을 대했다. 조급한 마음이 앞서면 상대방의 변화가 더욱 느려 보일 수밖에 없다. 그러다가 답답함이 분노로 바뀌어 결국 폭발하고 만 것이다.

이런 상황은 아이를 기르다 보면 누구나 한번쯤은 겪게 된다. 그러나 육아서를 보면 사뭇 다른 내용이 나온다. 영재인 푸름이의 아빠로 유명한 최희수 씨와 같은 부모들의 육아 사례를 보자. 고등학생이 될 때까지 푸름이는 학원 한 번 다니지 않았다. 스스로 깨달아 실천하는 가정교육으로 푸름이는 당당한 영재가 되었다. 단기간에 아이를 누구처럼 만들어야겠다는 생각으로 달려들어 얻은 결과도 아니었다. 푸름이 아빠는 아이가 초등학교에 들어가기 전부터 평생을 살아갈 인지적 정서적 자산을 만들어 주는 작업을 했다. 자연 속에서 뛰어놀고, 읽고 싶은 책을 읽으며 관심 있는 분야를 깊이 파고들 수 있도록 배려해 주었다. 그런 부모의 노력이 있었기 때문에 푸름이는 남다른 영재가 될 수 있었다.

푸름이의 부모는 보통 부모들보다 더 많이 자식에게 물질적 심리적 투자를 했지만 "내가 그만큼 많이 투자했으니 너는 그만한 효과를 보여야 해"라는 조급함은 없었다. 눈앞의 결과물보다는 아이의 미래를 위한 중장기적인 변화를 더 많이 고민하면서 아이를 지속적으로 한 방향으로 이끄는 데 최선을 다했다. 질문법을 통해 아이를 이끄는 데에도 마찬가지 자세가 필요하다. 질문법으로 아이의 생각을 폭발시키려면 양육자가 먼저 감정이 폭발해서 포기하는 일은 없어야 한다. 조급함을 버리면, 아이는 생각이 변하면서 자기 사고력에 자신이 붙어 행복해하고 부모는 그 모습을 보며 행복해하는 시간이 예상보다 더 빨리 올 수 있다.

맛있는 밥을 먹으려면 그만큼 시간을 들여야 한다. 배고프다고 급한 마음에 뚜껑을 열면 설익은 밥을 먹게 될 수밖에 없다. 아이가 창의적인 생각, 고차원적인 생각을 하기를 바란다면 조급하게 달려들어서는 안 된다. 자기가 알고 있는 것들을 생각으로 엮어 내려면 기억에서 바로 단어를 꺼내는 것보다 시간이 더 걸린다. 그런데 한창 생각하는 중에 부모가 답을 내놓으라고 하면 아이는 어정쩡한 답을 할 수밖에 없다. 그렇게 미완성 답을 가지고 미숙하다는 평가를 받는다면 아이의 심정이 어떻겠는가? 정당한 평가를 받지도 못하는데 생각을 하고 싶을까? 어차피 혼날 것 아예 포기하거나, 아니면 덜 혼날까 싶어 아무 답이든 빨리 내자는 식으로 반응하기 쉽다. 결국, 질문을 통해서 사고력을 발달시킬 기회는 놓치고, 오히려 아이의 생각만 망치게 된다.

창의적 아이로 키우고 싶다면 그만큼 시간을 주어야 한다. 중간에 답을 재촉해서 아이를 불안하게 만들고 생각을 방해해서는 안 된다. 스트레스를 받으면 생각을 만드는 네 쓸 에너지가 부정적 감정을 처리하는 데로 쏠린다. 그렇지 않아도 인간의 인지 능력은 한계가 있다. 그런데 제한된 자원을 부정적인 곳에 쓰니, 긍정적 결과가 일어날 가능성은 그만큼 줄어들 수밖에 없다. 이미 알고 있는 것을 기억하려고 할 때에도 스트레스를 받으면 제대로 기억이 나지 않는다.

뇌에는 해마와 편도체라는 부위가 있다. 해마는 인지적 기억을 담당하고, 편도체는 정서적 기억을 담당한다. 이 둘이 사이좋게 서로 도우면 더 잘 기억이 되고, 뇌의 앞부분인 전두엽까지 활성화되어 사고력과 판단력도 좋아진다. 하지만 스트레스를 받을 때처럼 부정적 감정이 있는 상태에서는 편도체가 해마를 억누른다. 그래서 인지적 기억은 잘 안 되고 부정적인 정서만 남는다. 수업 중에 선생님께 혼이 나면 그때 배운 내용은 잘 기억나지 않는데 혼날 때 느낀 부정적 감정은 오래 기억되는 것도 그 때문이다. 아이들이 생각을 잘하기를 바란다면 감정에 휘둘리지 않게 해야 한다. 자기가 알고 있는 것을 제대로 기억하지 못하는 상태에서는 고차원적인 생각도 잘할 수 없기 때문이다.

해마(海馬, Hippocampus)와 편도체

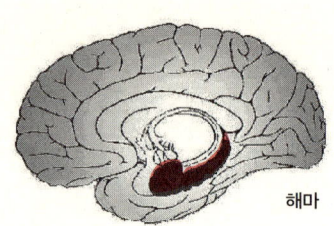

해마

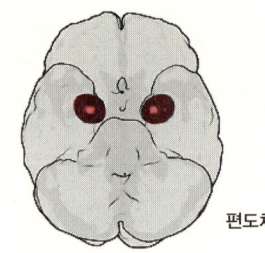

편도체

문제를 잘 풀라고 부모가 스트레스를 주거나 불안하게 만드는 것은 문제를 못 풀라고 하는 것과 마찬가지다. 그렇다고 방치하라는 말은 아니다. 부모는 방관자가 아니다. 부모는 누구보다도 아이의 성장을 책임져야 할 사람이다. 그런데 막상 성장을 하는 당사자는 아이 자신이니, 부모가 해 줄 수 있는 최선의 일은 성장을 촉진시키는 것이다. 부모는 아이가 자기 생각에 집중하고 사고 과정을 점검하면서 당당하게 멋진 생각을 형성해 갈 수 있도록 촉진해야 한다. 즉, 아이의 미래는 가장 가까이 있는 최고의 촉진자인 부모에게 달려 있다. 생각을 촉진시킨다면서 조급하게 스트레스만 준다면, 앞에서 예로 든 운전 연수나 셈 공부와 같은 결과를 얻게 될 것이다.

예전 아이들보다 훨씬 더 좋은 학습 환경에서 공부하는 요즘 아이들이 공부한 효과를 제대로 보지 못한다. 그 원인은 짧은 시간에 많은 것을 머리에 욱여넣어 빨리 효과를 보겠다는 조바심에서 비롯한, '학(學)'은 있고 '습(習)'은 없는 기괴한 공부 행태에서 찾을 수 있다. 원래 학습(學習)은 말 그대로 '배운 것을 익힌다'는 말이다. 몰랐던 것을 배우면 당연히 익혀야 자기 것이 된다. 그러나 요즘 아이들에게는 몰랐던 것을 확인하는 배움은 있지만, 그것을 제것으로 익힐 시간이 절대적으로 부족하다. 학교 수업이 끝나면 자습할 사이도 없이 학원으로 이동하고, 한 교과목 학원 수업 시간이 끝나면 다음 교과목 공부를 하거나 바로 쪽지 시험을 본다. 그리고 쪽지 시험에서 정해진 점수 이상을 맞아야 집에 올 수 있기 때문에 어떻게든 외운다. 그것은 진정한 '습(習)'이 아니다.

내가 무엇을 몰랐는지, 새로 배운 것이 이미 알고 있던 것과 어떻게 연결되는지를 살피며 자기 지식으로 정리를 하는 것이 배운 것을 익히는 것이다. 교재에 있는 지식이 그저 교재에만 남아 있고 학습자의 머리로 옮겨 오지 않았다면, 진정한 학습을 한 것이라 할 수 없다. 이것은 공부의 원래 목적과 거리가 먼 시간 낭비일 따름이다. 그런데도 조급한 마음에 더 좋은 교재, 더 좋은 지식을 가지고 있는 선생에게 목을 매게 되는 것은 다른 사람들이 '학(學)'에 매달리는 것이 더 도드라져 보이기 때문이다. 습(習)은 내실을 키우는 과정이기 때문에 드러나지 않는다. 잘 드러나지 않다 보니 없는

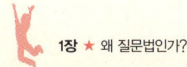

것이라 여겨 아예 눈에 보이는 것에만 매달리는 악순환이 시작된다. 하지만 그 와중에 아이의 미래는 닳아 없어진다는 것을, 아이의 미래를 길게 보아야 할 부모는 깨달아야 하지 않을까?

질문법을 활용하려면 느긋한 마음으로 아이의 생각을 일관되게 키우겠다는 결심이 필요하다. 그래야 이 책에 나온, 생각을 촉진시키는 질문법의 효험을 볼 수 있다. 좋은 약이라고 해서 한 번에 아이에게 다 먹이려 한다면 원하는 효과를 얻을 수 없다. 어쩌면 아이의 건강이 더 망가질 수도 있다. 약효가 다 떨어지기 전에 다시 성장판을 자극하는 촉진제를 넣어 준다는 기분으로 아이에게 질문을 해야 할 것이다.

아이에게 습(習)의 기회를 주자. 다른 아이들이 못 누리는 절차적 지식 형성의 기회를 주면 남다른 경쟁력을 갖추어 성공의 지름길로 나아갈 수 있다. 진정한 학습에는 절대적으로 시간이 필요하다. 아이가 세발자전거를 타다가 두발자전거로 옮겨 가기까지 시간이 필요하고 두발자전거를 타는 요령을 처음 깨닫고 나서 아주 안정되게 타기까지 시간이 또 필요하듯이. 배운 것을 익혀서 자유롭게 활용할 줄 아는 절차적 지식이 자동화되는 데에는 시간이 필요하다. 지금 아이에게 필요한 것은 더 좋은 학원, 더 좋은 과외 선생, 더 좋은 교재가 아닐 수도 있다는 생각을 하는 것만으로도 여러분은 아이의 생각을 촉진할 수 있는 멘토로서 첫걸음을 당당하게 내딛고 있는 것이다.

생각에 대한 생각을 키워 주자

'질문하기'라고 하면 퀴즈 프로그램의 문제 풀이를 떠올리기 쉽다. 하지만 퀴즈 프로그램 진행자처럼 질문하고서 아이에게 생각해 보라는 것은, 사실은 기억을 묻는 질문을 하는 것이다. 아이의 생각을 키우려면 생각이 무엇인지 알고 그에 맞는 질문을 해야 한다. 엄마는 퀴즈 프로그램의 사회자가 아니다. 아이 역시 출연자가 아니라는 사실을 명심해야 한다. 요즘 아이들은 자라서 수능이나 내신의 서술형 문제, 대입의 논술 문제처럼 사고력을 요구하는 문제를 풀어야 한다. 그리고 그런 문제들이 시험의 당락을 결정한다. 그러니 시험공부에서는 아이들에게 민첩성보다 사고력이 더 절실하게 필요함을 부모가 인식해야 한다. 시험도 이럴진대, 일상생활에서 생각을 키워 주는 질문과 답변을 주고받는 상황에서 빨리 답한다는 게 정말 중요할까? 아니다. 엄마는 아이의 민첩성이 아니라 사고력을 키워 주기 위해서 더 세심한 노력을 기울여야 한다.

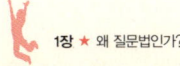

만약 아르키메데스에게 황금의 비중을 정확히 재라고 했던 왕이 자꾸 옆에서 재촉했다면 어떻게 되었을까? "유레카!"라는 역사적 외침은 듣지 못했을 것이다. 그 대신에, 아르키메데스는 목욕할 짬도 없이 틀린 답만 정신없이 쥐어짜며 왕에게 혼만 났을지도 모른다. 마치 답을 재촉하는 엄마에게 혼나는 아이처럼 말이다.

아르키메데스처럼 고민이 쌓인 상태로 지내다 보면 생각도 못 했던 순간에 해결책이 나올 수 있다. 마치 알이 부화되어 때가 되면 새가 나오듯이 말이다. 실제로 창의성 연구자들은 이것을 '부화(incubation)'라고 부른다. 부화가 어떻게 창의적 문제해결에 도움이 되는지 불행히도 아직 완전히 밝혀지지 않았다. 다만, 정신없이 문제해결을 서두르기보다는 적당히 여유를 누리며 문제와 잠시 떨어져 있는 것이 효과적이라는 현상이 일관되게 확인되고 있을 뿐이다. 현재로서는 부화 과정에서 생각의 다양한 요소가 자유롭게 연합하여 효과를 내는 것이 아닌가 추측하고 있다.

한편, 심리학에서는 '나누어 공부하기(spacing effect)'라는 말을 한다. 상식적으로 생각하면 연달아 반복해서 공부해야 기억이 잘될 것 같지만, 막상 실험을 해 보면 사이를 좀 두고 반복할 때 기억이 더 잘된다. 이러한 효과를 '나누어 공부하기'라고 한다. 인간의 뇌가 한꺼번에 처리할 수 있는 정보량에 한계가 있기 때문에 이런 효과가 나오는 것으로 알려져 있다. 특히 시험을 보는 경우, 단순한 기억을 묻는 질문은 그나마 일주일 이내에 하는 것이 좋지만, 생각이 필요한 질문은 4주 이상의 시간 간격을 두는 것이 좋다는 연구 결과가 나왔다. 그러니 '부화'와 '나누어 공부하기' 효과를 활용해서 생각을 키우려면 재촉을 하지 말아야 한다. "집중해서 공부하라"는 말을 오해해서 한꺼번에 몰아서 공부하도록 하는 것은, 공부에 도움이 되기 커녕 잘못된 학습법을 강요하는 것이다.

그렇다면 부모는 어떻게 해야 할까? 아래의 두 질문을 보자. 어느 쪽이 생각을 촉진할 수 있을까?

"간단한 질문인데 왜 빨리 대답하지 못하니?"
"이 질문이 좀 힘든가 보구나. 네가 어떻게 생각하고 있는지 그냥 생각나
는 대로 말해 볼래?"

첫 번째는 대답을 재촉하는 질문이다. 두 번째가 사고 과정에 집중하게 만들어 생각을 촉진하는 질문법이다. 심리학에서는 머릿속에 떠오르는 생각을 그대로 말하는 방법을 '생각 따라 말하기'(thinking aloud)라고 한다. 생각을 하는 아이도 스스로 생각의 과정을 확인할 수 있거니와, 무엇보다도 질문을 한 부모가 아이의 생긱을 확인해서 막혀 있는 부분을 뚫어 줄 수 있다는 점에서 아주 유용하다. 두 번째 질문은 무늬만 질문일 뿐, 실은 아이에게 생각을 더 잘할 수 있는 방법을 알려 주는 힌트인 셈이다.

두 번째 질문을 다음과 같이 바꾸어도 좋다.

"네 생각을 큰 소리로 이야기해 볼래?"
"내가 한 질문을 어떻게 이해했는지 다시 한 번 이야기해 볼래?"

표현만 다를 뿐, 결국 아이의 머릿속에서 떠오르는 생각을 말로 표현하

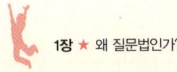

게 한다는 취지는 똑같다. 취지만 동일하다면, 아이의 특성에 맞는 표현법으로 바꾸는 것이 더 좋다.

아이도 빨리 대답을 하고 싶어 한다. 생각이 특정 지점에 막혀 있어서 더 앞으로 나아가지 못할 따름이다. 이런 상황에서 뒤에서 계속 미는 식으로 재촉을 하면 사고력이 폭발하기는커녕 아이의 감정만 폭발하게 된다. 자연스럽게 고차원적인 사고 과정으로 넘어갈 수 있도록 하려면 생각이 막힌 부분을 찾아야 한다. 아이의 말을 듣고 부모가 도와줄 수도 있고, 아이가 자기 생각을 표현하며 정리하다가 스스로 찾기도 한다. 그러니 아이가 자기 사고 과정을 스스로 확인할 수 있도록 촉진하자. 생각 점검 훈련을 많이 할수록 '생각에 대해 생각하는 법'인 고차원 사고력을 아이가 더 잘 익힐 수 있다.

질문법을 쓰면 아이는 자기 생각을 말할 수밖에 없게 된다. 말을 하기 위해서는 자신의 상황과 마음을 분석해야 한다. 분석을 하면 문제가 더 명확해진다. 그러면서 바로 통찰력이 생긴다. 또한, 자기 안의 것을 꺼내어 이야기하고 엄마가 그것을 들어 주는 과정에서 정서적인 만족감도 경험하게 된다. 엄마가 자기 생각을 잘 이해했다는 것을 확인하면 공감의 기쁨을 느끼고, 잘 이해하지 못했다고 생각하면 더 공감할 수 있도록 자기 생각과 표현을 다듬게 된다. 질문법은 이렇게 다양한 인지적, 정서적, 사회적 효과를 가지고 있다.

질문법의 효과가 이렇게 크다니, 부모로서는 얼른 그것을 배워서 아이에게 적용하고 싶은 마음이 들 수 있다. 하지만 서둘러서는 일을 그르친다. 새로운 결과를 바란다면, 접근법도 새로워야 한다. 조급한 마음을 버리고,

이 책에 나온 질문법을 꾸준히 생활화하려고 노력해 보자. 그러면 아이의 생각이 자라고 정서가 순화되고 미래가 달라지는 것을 직접 눈으로 확인하는 행복을 누리게 될 것이다.

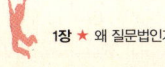

학습법에 대한 이해를 돕는 책들

  '학습'의 개념을 올바르게 잡으면 질문법도 더 여유 있게 효과적으로 활용할 수 있다. 부모와 아이가 학습의 원리를 알 수 있도록 돕는 책 중에서 이해하기 쉽게 내용이 구성된 것은 다음과 같다.

공부도둑
장회익 지음 | 생각의나무

  이 책의 저자는 여러 분야를 넘나드는 공부를 했던 교수이다. 그런데 이 책은 구체적 학습법을 담고 있지는 않다. 하지만 공부의 방법 이전에 공부의 목적에 대해서 진지하게 생각하게 하는 책으로서 소중한 가치를 가지고 있다. 공부로 자신의 삶을 밝히는 것이야말로 궁극적인 학습 원리임을 쉽게 느끼게 하는 이야기로 구성되어 있다. 아이가 '공부는 왜 하는가?' '그 공부가 어떠한 공부여야 하는가'와 같은 문제의식을 가지고 긴 호흡으로 공부를 시작하도록 돕는 책이다. 또, 아이에게 그런 공부의 힘을 길러 주기 위해 부모로서 마음을 다잡는 데에도 좋은 책이다.

공부 심리학

김미라 지음 | 밀리언하우스

아이들의 뇌기억에 바탕을 둔 효과적인 공부 지도법을 제시한 책이다. 지적 호기심과 관련된 학습동기의 중요성과 함께 학습동기 향상 기법을 알려 주는 등, 인지심리학에 바탕을 둔 효율적인 공부법을 체계적으로 설명한다. 공부와 사고력에 대한 올바른 개념 이해를 돕는 책이다.

학원 끊고 성적이 올랐어요

정영미 지음 | 메디치미디어

EBS 〈다큐프라임〉에서 고1 학생들을 대상으로 실시한 4,000시간의 실험 결과를 소개하는 책이다. 실험에 참가한 학생들은 실제로 학원을 끊고 자기주도학습에 성공하였다. 이 책에 나온 공부를 왜, 어떻게 하는지에 관한 내용을 찬찬히 읽는다면, 제2장에서 강조하는 '절차적 지식'의 중요성을 더 깊이 이해하게 될 것이다.

02

질문법이
미래 경쟁력

"질문하지 않으면
상황과 문제를 소홀히 다루게 되고 중요한 문제를 놓친다."
_채드 홀리데이 (듀폰 회장)

21세기에는 21세기에 맞는 교육을

　현재 초등학생 자녀를 둔 부모는 20세기에 태어나 20세기 적응을 위한 교육을 받으며 어린 시절을 보낸 사람들이다. 그때는 글로벌 리더십, 몰입식 교육, 인터넷 숙제, 체험 학습 같은 용어조차 없었다. 그런데 요즘 초등학생은 어떤가? 급속도로 변하는 21세기에 맞는 교육을 받느라 정신이 없다. 아이는 생전 처음 겪는 과정이기에 매 순간이 새로운 도전처럼 부담스럽다. 하지만 초등학교 시절을 이미 경험한 부모도 아이들 공부 내용을 보면 부담스럽기는 마찬가지이다. 왜냐하면 과제와 교과 내용이 자기가 경험했던 것과 확연히 다르기 때문이다.

　대한민국 부모만 그런 문제를 겪는 것은 아니다. 20세기 산업사회에 맞는 교육과 21세기 지식사회에 맞는 교육은 확연히 다를 수밖에 없기에, 교육 선진국이라는 미국과 유럽에서도 세대 간 교육 경험 차이에 따르는 혼선 문제는 있다. 그래서 학계와 산업계 등의 전문가들이 모여 21세기에 맞는 교육이 무엇인지 명확하게 정리하기도 했다. 그 모임이 바로 21세기교육협의회(Partnership for 21st Century Learning)이다.

21세기교육협의회에는 전미교육협의회(National Education Association), 미국학교도서관사서협회(American Association of School Librarians), 미국교사협의회(American Federation of Teachers) 같은 공신력 있는 기관뿐 아니라 애플(Apple), 인텔(Intel), 마이크로소프트(Microsoft Corporation), 타임워너(Time Warner) 등 학생이 장차 일하게 될 수도 있는 각 분야의 글로벌 기업들까지 참여하고 있다. 이 협의회에서는 교육 본연의 가치에 부합하면서도 실용적으로도 이익이 되는 교육이 무엇일까를 활발히 연구했다. 그들이 2003년 종합 보고서를 통해 내린 결론은, 21세기에는 20세기와 확연히 다른 교육이 필요하다는 것이다.

왜 다른 교육이 필요한 것일까? 첫째, 교육의 대상이 바뀌었기 때문이다. 요즘 아이들은 디지털 미디어가 풍성하게 갖추어진 환경에서 태어난다. 흑백 텔레비전을 보다가 길러 텔레비전을 보며 충격을 받고 종이에 손으로 쓴 편지를 보내다가 이메일을 보내게 된 부모와는 달리, 태어날 때부터 디지털 미디어 환경에서 자라게 되는 '디지털 네이티브(digital native)'들에게 예전의 학습 자원과 학습 방법을 고집할 수는 없다. 둘째, 교육은 미래를 먼저 대비해야 한다. 현재의 아이들이 자라나 본격적으로 직업 생활을 하는 20대와 30대가 될 때에 대비해, 더 진보적인 관점에서 미래 사회가 어떻게 변화할 것인지를 살펴보고 아이를 준비시켜야 한다. 그래서 교육 변화가 필요하다. 다행히, 그 변화의 방향은 이미 우리 주변에서 찾을 수 있다.

우리가 일상적으로 부딪히고 있는 지식사회의 현실은 결코 만만하게 보아 넘길 일이 아니다. 지난 50년간 세상에 쏟아져 나온 자료들은 문자가 발명되어 기록이 시작된 이래 지난 5천 년 동안에 축적된 자료보다 많다. 미국에서만 매일 3천 권의 책이 나오고 있다. 그리고 인터넷의 기술 관련 정보는 보름마다 두 배씩 증가하고 있다.

우리 아이들과 우리가 앞으로 맞이하게 될 미래는 현재보다 더 많이, 더 빠르게 생산되는, 그리고 갈수록 복잡해지는 지식을 바탕으로 움직일 것이다. 그러니 그에 대한 대비가 필요하다. 이미 로봇이나 컴퓨터 시스템이 인간의 육체노동을 대체하기 시작한 시대이다. 정밀한 수술에는 로봇이 사용되며, 웬만한 상담은 미리 세팅된 ARS를 통해서 해결하고, 상품 주문도 판매원의 도움 없이 컴퓨터를 통해서 해결하고 있다. 고차원적인 지성을 쓰는 것만이 인간의 몫으로 남았다. 이러한 지식사회의 변화를 주도적으로 활용할 줄 알아야 성공할 수 있다.

한편, 의료 기술의 발달로 평균수명이 증가한 것도 교육에 영향을 미친다. 부모가 초등학교에 다닐 때에는 한 가지 직업으로 평생을 살아갈 준비를 하는 것이 당연하게 여겨졌다. 하지만 지금은 투잡(two job), 스리잡(three job)이라는 말이 익숙해졌을 정도이다. 불과 20년 전만 해도 상상할 수 없었던 상황이 현실로 다가왔다. 아이들이 맞이할 현실도 상상을 초월할 수 있다. 확실히 변화가 점점 가속화하고 있다. 현재 회사를 다니는 사람도 기회가 되면 부업을 하려고 열심이다. 지금 당장 돈을 많이 벌기 위해서라기보다 노후 대비를 위해서이다. 우리 아이들은 부모보다 더 늘어난 평균수명을 누리게 될 것이다. 그래서 직업을 여러 번 바꿀 수 있는, 혹은 여러 직업을 동시에 관리할 수 있는 능력을 키워야만 한다.

21세기교육협의회 보고서에 따르면, 120세부터 140세까지 늘어난 평균 수명에 맞추어 안락하게 살기 위해서는 평균 10개에서 15개의 직업을 가질 수 있어야 한다. 구체적인 예로, 현재 미국에서는 7.4개의 직장을 거쳐 은퇴한다고 되어 있다. 그런데 10년 후에는 17개, 20년 후에는 39개의 직장을 거쳐 은퇴할 수도 있다고 전망하고 있다. 호주 정부는 2010년 직업 전망 관련 자료를 통해 10년 후 일자리에 들어가는 아이는 39개의 직장을 거쳐 은퇴한다고 발표했다. 20년 전에 투잡, 스리잡이 생긴다는 말이 처음 나왔을 때처럼 선뜻 믿기 힘든 예측이다. 하지만 이것은 전문가들이 심도 있는 연구와 토론을 통해 내놓은 결론이다. 이런 변화에 적응하려면 적성을 다방면으로 계발해야 하며, 연령에 맞게 직업을 바꿀 수 있어야 한다.

그런데 미래 사회는 지식사회이다 보니 지식을 중심으로 움직이게 될 것이다. 유엔미래포럼의 2010년 발표에 따르면, 20세기의 연장선상에 있던 현존 직장과 직종의 80%가 10년 후에는 소멸하거나 완전히 변형된다고 한다. 반대로, 지식 생신 및 활용과 가까운 직업일수록 생성되거나 유지되므로, 그에 관한 절차적 지식을 가질수록 성공 확률이 높다고 할 수 있다.

이런 상황에서 기존의 20세기 교육을 그대로 받는다면 어떻게 될까? 서술적 지식을 단순 암기 중심으로 공부한 사람은 성공하기 힘들 것이다. 인터넷에서 쉽게 얻을 수 있는 정보만 알고 있는 사람을 누가 좋아하겠는가. 무수한 사실 정보와 확연히 구별되는 창의적 지식을 가진 사람, 혹은 그것을 만들어 낼 줄 아는 노하우를 가진 사람이 필요하다. 그래서 전 세계에서 지식사회에 맞게 교육 시스템을 개편하고 있는 것이다.

여러분은 어느 쪽에 서 있는가? 자기가 경험한 대로 아이를 20세기 스타

일로 키우려는 쪽인가? 아니면, 21세기에 맞게 새로운 미래를 위해 과감히 변화를 추구하는 쪽인가? 수많은 전문가들은 변화에 표를 던졌다. 이제 여러분의 선택이 남아 있다. 모든 투표가 그렇듯이, 자신의 신념에 따라 선택을 할 수밖에 없다. 흔히 "자녀 교육은 정답이 없다"고 말한다. 맞는 말이다. 자녀 교육의 문제들은 영향을 주는 변수가 너무 많아서 '1+1=2' 식으로 딱 떨어지는 게 아니다. 그러나 같은 말을 어떻게 해석하느냐에 따라 부모 역할이 달라진다.

확고한 하나의 정답, 누구에게나 적용되는 정답은 없으니 부모의 역할이 더욱 중요함을 깨달아야 한다. 지금 부모인 우리도 날 때부터 부모로 태어난 것은 아니다. 그냥 누군가의 아이로 태어났을 뿐이다. 즉, 우리가 좋은 부모가 되느냐 아니냐는 노력을 얼마나 기울이느냐에 달려 있다. 정답이 없으니 아이에게 맞는 답을 찾기 위해서 더욱 노력해야 한다. 아이가 가야 할 길을 알려 주는 지도가 있는 것이 아니니, 앞장서 길을 찾고 변화에 뒤따르는 위험을 막아 줄 부모의 역할이 클 수밖에 없다. 아이의 미래를 위하는 간절한 마음만으로는 부족하다. 환경의 변화를 이해하고 그에 맞는 대응 방향을 아이에게 제시해 줄 사회적 안목이 필요한 때이다. 그 안목을 키우는 것은 힘든 일이다. 부모가 아닌 다음에야, 누가 그 힘든 일을 맡아서 하겠는가?

21세기는 이런 기술을 요구한다

21세기는 지식사회라고 한다. 그런데 21세기교육협의회가 오랜 토의 끝에 주요 테마로 잡은 내용을 보면 '지식(knowledge)' 대신에 '기술(skill)'이라는 단어를 쓰고 있다. 지식이라면 왠지 거창하고 근사해 보이고, 기술이라면 뭔가 폭이 좁고 사소한 것처럼 느껴질 수도 있다. 이것은 '무엇은 무엇이냐'라는 서술적 지식, 즉 노홧(know-what)만 진정한 지식이라고 여겼던 20세기 교육의 영향 때문이다. 그러나 제1장에서 설명했듯이, 현재 학자들은 세상의 지식을 크게 두 가지로 나누고 있다. 하나는 서술적 지식이고, 다른 하나는 흔히 노하우(knowhow)라고 알고 있는 절차적 지식이다. 21세기교육협의회는 두 지식 중에서 절차적 지식을 더 중점적으로 키워야한다는 점을 강조하기 위해 기술이라는 표현을 쓴 것이다. 인터넷에 접속하면 언제든 얻을 수 있는 서술적 지식을 억지로 암기시킬 필요가 없기 때문이다.

21세기교육협의회가 중점적으로 교육해야 한다고 강조한 기술들을 잠시 살펴보자. 중점 기술은 크게 세 가지로 나뉜다. 그리고 아래에서 보듯이, 각 기술은 또 세부 기술로 나누어진다. 본 도서의 성격에 맞는 기술들을 중점적으로 다루기 위해 핵심적인 것만 따로 정리하였다. 원래의 모든 항목을 확인하고 싶은 독자는 웹사이트(http://p21.org)를 참고하면 된다.

21세기교육협의회 선정 21세기 주요 교육 과제

1. 학습 창의력 기술(Learning and Innovation Skills)

   (1) 창의력(Creativity and Innovation)

   (2) 비판적 사고력과 문제해결력(Critical Thinking and Problem Solving)

   (3) 의사소통과 협동 능력(Communication and Collaboration)

2. 정보관리 기술(Information, Media and Technology Skills)

   (1) 정보 문해력(Information Literacy)

   (2) 매체 문해력(Media Literacy)

3. 경력 개발 기술(Life and Career Skills)

   (1) 적응력(Flexibility and Adaptability)

   (2) 리더십과 책임감(Leadership and Responsibility)

각 기술의 세부 내용과 기술 개발에 도움이 되는 질문 전략은 제3장부터 자세히 다루기로 하고, 여기에서는 이런 기술들을 배우는 의의에 대해 밝히고자 한다. 앞에서 소개한 기술들은 미국 같은 선진국에서도 새롭게 조명하면서 교육에 무게를 둔 지 얼마 안 되었다. 즉, 글로벌 강대국조차 이제야 변화를 서두르고 있다. 이 사실이 아주 중요하다. 아무리 좋은 것도 이미 절대 강자가 많이 있는 오래된 분야이면 웬만큼 노력해서는 경쟁이 안 되는 법이다. 하지만 출발점이 그리 차이 나지 않는다면, 해 볼 만한 일이다. 그리고 남다른 전략까지 있다면 좋은 결과를 기대해도 되지 않을까?

부모가 당장 바라는 것은 명문대 입학인데 글로벌 경쟁력이라는 너무 큰 꿈을 꾸라는 것이 아니냐고 묻는 부모도 있을 법하다. 하지만 이렇게 되묻고 싶다. "아이를 왜 대학에 보내려 하시나요?" "아이 인생의 절정기가 언제이기를 바라시나요? 대학 입학식 날? 아니면, 리더로서의 은퇴식 날?"

조급한 마음이 들 때면 왜 대학을 보내려 하는지를 생각해야 한다. 대학 입학으로 아이의 인생이 끝나는 것이 아니다. 계속 열심히, 그리고 행복히게 살아가야 한다. 그렇게 평생을 살아가는 데 현재의 공부가 어떤 의미가 있으며, 대학 입시 준비가 어떤 역할을 하고, 대학은 왜 필요하며, 대학 이후의 삶은 어떠해야 하는지 고민해야 한다. 우선 생각해 보자. 20세기 중반에는 대학만 나오면 어느 정도 삶이 보장되었다. 하지만 20세기 말부터 상황은 확연히 달라졌다. 이미 대학 그 자체가 성공의 탄탄대로일 수 없다. 누적되는 청년 실업의 문제를 뚫어야 하며, 입사를 해도 동료와 선후배 간의 경쟁에서 성공할 수 있는 자질을 갖추지 못하면 허사이다.

거듭 말하거니와, 아이의 인생은 대학 입학식으로 끝나는 단막극이 아니다. 계속 이어지는 대하 드라마이다. 자신의 잠재력을 모두 쏟아부어야 성공할 수 있는 무한 경쟁의 세상에서는 대학에 입학한 것만으로는 부족하다. 지금도 명문대 출신 학생들의 실업률이 심각한 것이 이런 사실을 입증하고 있다. 명문대생이라고 청년 실업난을 피할 수 있는 것은 아니다.

정규직 취업률

(단위: %)

구분	전문대학	대학 일반	대학원
2009	57.7	39.6	54.0
2008	64.5	48.0	60.5
2007	65.1	48.7	61.0

출처: 한국교육개발원 2010년 통계자료

　명문대 졸업생도 조기 퇴직의 위험에서 예외가 되지 않는 것 또한 엄연한 현실이다. 대학 입학 자체가 목적일 수 없다. 대학이 아이의 인생에서 더 큰 성공을 위한 도약대가 될 수 있도록 부모는 이끌어 주어야 한다. 아이에게 특별한 진로를 선물하고 싶다면 특별한 결심을 내려야 한다. 그것은 원래 기본 원칙이었던 결심이기도 하다. 적어도 10년 이후를 내다보고 아이를 양육하겠다는 것. 한치 앞도 모르는 상황에서 10년을 내다본다는 것은 정말 힘든 일이다. 하지만 우리 아이들은 그렇게 특별한 노력을 기울일 만한 가치가 있다.

　낮은 취업률이나 생존율은 개인적 문제만은 아니다. 대학의 경쟁력에도 좋지 않다. 취업률과 생존율이 낮은 대학에 누가 입학을 하려고 하겠는가? 그래서 대학은 각종 제도 개선이나 국제적 수준의 교육 시스템 도입으로 사회에서 적응 잘하고 성공할 수 있는 학생을 길러 내기 위해 더욱 노력을 하고 있다. 정부에서도 2011년 9월 정부 지원금을 제한하는 이른바 퇴출 대학 명단을 발표하면서 대학이 경쟁력 확보에 신경을 쓰도록 유도하고 있다. 왜 이런 현상이 생기는 것일까?

　대학은 더 이상 국내의 환경만 고려할 수 없다. 국제적 경쟁에서도 뒤처지지 않을 인재를 키워 내야 한다는 과제를 안게 되었다. 왜냐하면 단순한 언어 연수를 넘어 외국 대학에 유학을 다녀 와서 국내 기업에 직장을 잡는 학생들의 비중이 커지고 있기 때문이다. 그리고 외국 대학들도 이미 국내 대학과 협력해서 대학원을 국내에 설치하고 있어, 외국 대학 졸업장을 가진 사람이 취업 시장에 더 많아지게 되었다. 그러면 국내 대학 졸업생이 설 자리가 그만큼 줄어들게 된다. 그리고 그 결과, 장기적 청년 실업에 의한 사회 불만이 야기되고, 이것이 연쇄적으로 여러 문제를 야기하면서 사회 안정이 허물어지고 원활한 정책 진행에도 문제가 생기기 쉽다. 그래서 정부가 대학의 경쟁력 제고에 나서는 것이다.

　대학은 대학대로 문제이다. 앞에서도 말했지만, 졸업생들의 사회 진출이 시들해지면 예전의 명성이 아무리 높더라도 대학의 경쟁력이 유지될 수가 없다. 날로 치솟는 대학 등록금이 유학 비용과 비슷하고 차라리 외국 대학을 가는 편이 양쪽 나라에서 나중에 취업 가능성을 살펴볼 수 있어 유리하다면, 학부모들이 내릴 선택은 뻔하다. 더 기회가 많은 쪽으로 아이를 이끌 것이다. 이런 사정을 누구보다도 잘 알고 있는 대학이기에 개혁을 서두르며 국제적 흐름에 맞추는 것이다. 그 국제적 흐름의 최첨단에는 앞서 소개한 21세기교육협의회 등이 있다. 어느 곳을 보고 따라가야 다른 사람보다 더 빨리 글로벌 경쟁력을 갖춘 아이로 기를 수 있는지는 확실하다.

우리가 상대적으로 교육 환경이 열악할 것이라 생각한 중국과 동남아 등 다른 나라의 부모들은 이미 자기 아이들을 국제적 관점에서 기르고 있다. 요즘 대학에 가 보면 중국 학생뿐 아니라 다양한 외국 출신 학생들을 접할 수 있다. 그것은 그 나라 관점에서 한국 대학 졸업이 갖는 장점 때문에 선택을 한 것이다. 마치 우리가 유럽과 미국, 캐나다 유학을 보내려는 것처럼 말이다. 예컨대, 2010년 한국교육과정평가원이 공개한 교육 관련 통계자료에 따르면 서울대와 연세대, 고려대, 성균관대, 서강대, 한양대 등 서울 지역 6개교의 국어 계열 대학원의 경우, 석·박사 과정생 749명 중 외국인이 237명(전체의 31.6%)에 달한다. 한국 학생이 거의 전부를 차지할 것 같은 국어 과정이 이 정도이다. 대학원뿐 아니라 웬만한 학부의 교양·전공 과정도 1/3 정도가 외국 학생들로 채워지고 있다. 외국에서도 일부러 찾아오는 한국 대학이라고 자부심을 느끼고 넘길 일이 아니다. 외국 대학이든 국내 대학이든, 부모로서 우리 아이들에게 어떤 기회를 열어 주려고 노력하고 있는지 다시 확인해 볼 기회로 삼아야 한다.

우리 아이들에게 글로벌 경쟁력을 갖출 터전을 마련해 주고 있는가? 유학을 보내는 것이 능사가 아니다. 글로벌 경쟁력의 핵심인 기술을 길러야 한다. 21세기가 시작된 지 벌써 10년도 넘었다. 허비할 시간이 없다. 막연한 꿈이 아니라 확실한 계획이 필요하다. 공교육이 시스템을 다 갖출 때까지 기다릴 수만은 없다. 가장 빠르게, 가장 친밀하게, 가장 꾸준히 새로운 교육법을 실천할 수 있는 집에서 변화를 시작하는 것으로 새로운 미래를 열어 가자.

질문의 기술, 부모 질문 5계명

다양한 21세기 기술을 길러 주는 질문들을 소개하기에 앞서, 모두에 공통으로 적용되는 원칙을 아래에 정리해 놓았다. 제3장 이하의 세부 질문 전략을 활용할 때에도 이 기본 원칙들을 꼭 기억하시기 바란다.

1. 잘못된 단서를 주지 말라!

아이가 답을 하지 못하면 조바심을 내면서 이렇게 말하는 엄마가 있다.

"예전에 네가 알았던 거잖아. 답답하다, 답답해. 이건 네가 초등학교 1학년 때 이미 배운 것 아니니?"

아이들은 자기보다 어린 아이와 비교당하면 질색한다. 그게 예전의 자기 자신이라고 하더라도 말이다. 정서적으로 불안하게 재촉하는 것도 문제이지만, 스트레스를 주고서 좋은 답을 빨리 하라고 재촉하는 것도 문제이다.

그런데 이 질문에는 스트레스를 주는 것 이상으로 나쁜 질문의 요소가 들어 있다. 엄마는 아이가 스스로 생각 요소를 재구성하는 데 도움이 되지 않는 것을 주지 않으려 노력해야 한다. 예를 들어, 초등학교 1학년 때 배운 것이 확실하지 않다면, 그것을 단서로 생각하게 해서는 안 된다. 아이는 엄마의 반응에 민감하게 반응한다. 그리고 엄마가 더 잘 기억하고 있으리라고 믿고 있다. 이런 상황에서 잘못된 단서를 주면 아이는 있지도 않은 것을 찾느라 낑낑대게 마련이다.

마치 엄마가 반지를 찾으면서 지레짐작으로 안방 장롱부터 뒤지는 것과 같다. 이렇게 추측을 단서로 무언가를 찾기 시작하면 고생할 확률이 높다. 고생을 하다가 여기가 아닌가 싶어 거실을 뒤지면 그제서야 반지가 나온다. 그렇게라도 찾으면 다행이다. 하지만 아이에게는 그럴 기회가 없다. 답을 찾을 시간도 충분히 주지 않고, 당장 내놓으라고 재촉하면서 잘못된 단서까지 주니 말이다. 그렇게 엄마가 여러 가지 잘못을 해 놓고도 아이의 능력을 탓하게 된다. 그 탓에 아이는 자신의 능력과 사고력에 대한 자신감을 잃게 되어, 뭔가 생각이 나도 확신이 없어 답을 내는 데 주저하게 된다. 악순환인 셈이다. 엄마는 재촉하는데 머릿속에 떠오른 답은 자신이 없고, 주저하다가 말하면 똑바로 이야기하지 않는다고 혼이 난다.

아이에게 생각을 촉진시킬 단서를 줄 때에는 부디 조심해야 한다. 확실히 단서일 수 있다는 판단이 설 때 단서를 주어야 한다. 그리고 그것도 아주 구체적으로 주어야 한다. 추상적 단서를 주면 아이가 엄마의 의도를 오해하기 쉽고, 그래서 결국 잘못된 단서를 준 것과 같은 역효과가 날 수도 있으니, 구체적으로 정확히 단서를 주어야 한다. 다음과 같이 말이다.

"방금 이야기한 상황이, 엄마와 여름 체험캠프에 함께 갔을 때 뚱뚱한 남자 선생님이 말했던 것하고 아주 비슷하지 않니?"

2. 단서를 너무 직접적으로 주지 말라!

단서에 대한 엄마의 기억이 확실하건 아니건 간에 주의할 점이 있다. 아이가 생각하는 과정에서 막혀 있다면 그것을 뚫어 주는 단서를 주는 것이 좋다. 하지만 과정이 아니라 결과물과 관련된 단서를 주는 것은 좋지 않다. 즉, 답과 직결되는 단서를 주는 것은 아이의 발달에 해롭다.

"아직도 모르겠니? 너도 알고 있는 거잖아. 이순신 장군이 만든 '거' 자 들어가는 세 글자의 배인데, 뭘까?"

이렇게 단서를 주고도 아이가 못 맞히면 "다음 글자는 'ㅂ'으로 시작하는 건데, 뭘까?"라고 물을 기세다. 하지만 이런 식으로는 아이의 생각을 키울 수 없다. 이이에게 답과 직결되는 단서를 주면 그만큼 아이는 지기주도적으로 생각하는 법을 잃게 된다. 아이가 답을 척척 맞혔으면 하는 바람은 어느 부모나 가지고 있다. 그렇다고 조바심을 내서 직접적인 단서를 주면 안 된다. 그럴수록 아이의 사고력은 뚝뚝 떨어진다. 엄마는 아이 스스로 생각을 키울 수 있도록 격려해 주어야 한다.

칭찬만큼 좋은 격려가 없다. 엄마는 칭찬으로 아이가 편안하게 생각할 수 있는 분위기를 만들어 주어야 한다. 예컨대, 형사가 범인을 취조하듯이 육하원칙에 맞춰서 알고 있는 것을 다시 기억해 내게 해서는 안 된다. 한참 헤매고 있는 아이에게 칭찬하는 것이 어색할 수도 있다. 그렇다면 '알고 있었다'는 말보다는 '생각할 수 있다'는 말을 더 강조해 보자. 재촉하는 말이 생각을 촉진하는 격려의 말로 아이에게 받아들여질 것이다.

"엄마가 보기에는 이건 네가 충분히 답을 생각할 수 있는 질문이야. 천천히 생각하면 답을 찾을 수 있을 거야."

3. 아이가 예/아니오로 짧게 답하지 않도록 하라!

이왕이면 확실하고 간단한 것이 좋다. 애매모호한 것은 참지 못하는 것이 인간 심리의 특징이다. 그러나 역설적으로, 애초에 확실하고 간단한 것은 세상에 많지 않다. 즉, 사람들이 확실하고 간단한 것을 선호하는 것이지, 정말로 세상이 확실하고 간단한 문제들로 가득 차 있는 것은 아니다. 그래서 세상이 복잡하고 살기 힘들다고 하지 않는가. 아이들이 지금 살고 있는 세상, 또 앞으로 겪어야 할 세상도 마찬가지이다. 그러니, 아이들에게는 복잡한 생각도 거뜬히 할 수 있는 능력이 필요하다. 단순하게 답을 하는 것과 명확하게 답하는 것은 다르다.

토론 프로그램을 살펴보자. 무조건 좋다/싫다, 예/아니오 식으로 이야기하는 사람이 있다. 이런 사람의 생각에 동의를 하기는 힘들다. 사람들의 동의를 잘 얻지 못하는 사람은 리더가 될 확률이 그만큼 줄어든다. 반대로, 명확한 답을 하는 사람은 자신의 입장이 무엇인지 확실히 밝힌 다음에 꼭 그에 맞는 근거를 밝힌다. 단순히 좋다/싫다, 예/아니오에서 멈추지 않는다. 복잡한 세상의 어려움을 딛고 우뚝 서는 리더로 아이를 키우고 싶다면 단순한 것만 좋아하게 만들어서는 안 된다. 애매모호한 것도 참고 그

속에서 자기 나름대로 대안을 살필 수 있는, 열린 마음을 가진 사람으로 키워야 한다.

일상생활에서 시간이 없다며 빨리 답하라고 하는 경우가 많다. 음식점에 가서 주문할 때에도 "짜장면으로 통일하는 게 어때?"라고 하거나, 물건을 살 때에도 "좋아?"라고 묻는다. 그러면 아이들은 간단하게 답을 한다. 이렇게 묻고 답해야 하는 상황이 있기는 있다.

하지만 생각이 필요한 상황에서 질문을 하는 것이라면 애초에 답이 단순하게 나오도록 질문하면 안 된다. 생각이 촉진되게끔 질문을 해야 한다. 그리고 생각을 촉진시키려면 답을 할 수 있는 여지를 애초에 넓게 열어 놓고 질문해야 한다. 그리고 자기 생각을 정리해서 되도록 길게 대답할 수 있도록 질문 내용을 추가해야 한다.

- Bad: 방금 본 나비와 가장 비슷한 것이 호랑나비이지?
- Good: 방금 본 나비의 가장 비슷한 나비가 무엇일까?
- Better: 방금 본 나비와 비슷한 나비로는 무엇이 있을까? 그리고 왜 그렇다고 생각하니?
- Best: 방금 본 나비와 가장 비슷한 것으로는 무엇이 있을까? 그리고 왜 비슷한지 설명해 줄래?

첫 번째 질문에서는 엄마가 생각하는 정답을 강요하고 있다. 아이는 그 생각에 동의하느냐 아니냐만 표현할 수 있을 뿐이다. 두 번째 질문은 아이 스스로 생각을 해서 답할 여지가 있다는 점에서 좋다. 하지만 이것 역시 아이가 자기 생각을 다시 한 번 확인할 수 있도록 촉진하지 않는다는 점에서 아쉬움이 남는다. 세 번째 질문은 '생각에 대한 생각'을 키울 수 있는 여지를 준다는 장점을 가지고 있다. 마지막인 네 번째 질문에서는 단순히 분류를 하는 데 그치지 말고 유연하게 다른 분류와 연결해 보도록 촉진하면서 길게 답하게 요구하고 있다. 그리고 자기 생각을 말하는 데 그치지 않고 상대방이 이해할 수 있는 형식과 내용으로 생각을 한 번 더 재구성하도록 요구하고 있다는 점에서, 가장 고차원적 생각을 이끌어 내고 있다.

4. 아이의 발달 눈높이에 맞는 질문을 하라!

눈높이를 맞추라. 교육 이야기를 할 때면 꼭 나오는 아주 유명한 경구이다. 그런데 이 말을 잘못 받아들이면 꼭 아이들의 수준만큼만 이야기하는 것이 가장 효과적인 것처럼 오해하기 쉽다.

눈높이를 맞춘다는 것은 곧 아이들의 수준을 안다는 것이다. 그런데 아이들의 수준은 한 가지가 아니다. 현재의 위치에 해당하는 현재 능력 수준이 있고, 잠재성이라고 말할 수 있는 미래의 발달 수준이 있다. 정서적인 부분에서는 아이의 현재 수준에 눈높이를 맞추는 것이 좋다. 하지만 지적인 측면에서는 (경우에 따라서 다르기는 하겠지만) 대체로 미래의 발달 수준에 눈높이를 맞추어야 아이의 잠재성을 자극할 수 있다.

창의성 이론가로 유명한 시카고대 미하일 칙센미하이 교수는 과제의 난이도와 사람의 실력 사이의 관계에 따라 심적 상태가 달라지고 그에 따라서 성과도 달라진다고 했다. 그의 주장을 도표로 정리하면 다음과 같다.

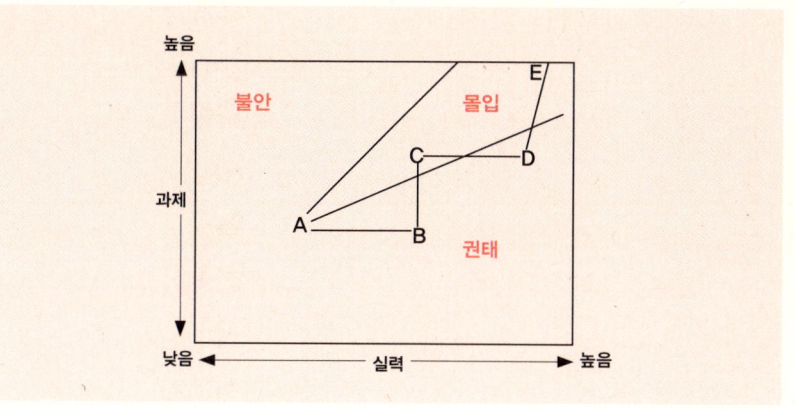

만약 아이의 실력이 A 수준인데 그것보다 난이도가 훨씬 높은 과제를 주면 어떻게 될까? 아이는 불안해질 것이다. 반대로, 아이의 수준이 C 지점에 도달했는데 A 수준에 가까운 과제를 주면 어떻게 될까? 예를 들어, 네 자릿수 덧셈을 잘하는 아이에게 한 자릿수 더하기 문제를 계속 풀라고 하면 이떻게 될끼? 금방 지거워힐 것이다. 그린데 민약 C 지점에 있는 아이에게 자신의 수준보다 조금 더 높은 수준의 과제를 주면 어떻게 될까? 예를 들어, 네 자릿수 더하기를 잘했던 아이에게 다섯 자릿수 더하기를 시키면 어떻게 될까? 그 문제를 해결하려고, 자신이 하고 있는 일에 시간 가는 줄 모르고 빠져들지도 모른다. 이런 상태를 칙센미하이 교수는 바로 '몰입(flow)'이라고 정의했다.

몰입은 그저 시간을 잘 보내는 것에서 멈추지 않는다. 성과가 눈에 띄게 좋아져 결국 창의적 업적을 남기게 한다고 칙센미하이 교수는 주장한다. 몰입을 하면 그 일을 더 좋아하게 되어 남들보다 훨씬 더 많은 노력을 지속적으로 퍼붓기 때문이다.

아이가 공부에 몰입할 수 있다면 굳이 공부하라고 말하지 않아도 된다. 아이 스스로 공부의 즐거움 때문에 자기주도적으로 공부를 하게 될 것이기 때문이다. 그렇다면 아이가 몰입할 수 있도록 하는 것이 결국 교육의 화두인 셈이다.

이미 답은 나왔다. 아이의 잠재적 수준에 맞는 과제를 주는 것. 질문을 할 때에도 마찬가지다. 아이가 이미 알고 있는 사실을 그대로 묻는 질문이나 아이의 수준보다 수준이 낮은 질문은 생각을 촉진하기는커녕 오히려 역효과만 내게 되어 있다. 아이의 잠재성을 고려해서 너무 높지 않은 수준의 질문을 하는 것이 중요하다.

아이의 특성과 지식의 수준에 따라서 질문의 내용은 모두 다르겠지만, 대체로 남에게 설명을 들었을 때 아이가 깨우칠 만한 수준의 질문을 하는 것이 좋다. 특히, 아이가 초등학교 고학년 이상이라면, 스스로 기억을 더듬어 대답할 수 있거나 알고 있는 것 몇 가지를 조합하면 답을 낼 수 있는 질문은 삼가는 것이 좋다.

과제의 난이도만 조절한다고 쉽게 몰입을 이끌어 낼 수 있는 것은 아니다. 과제의 내용이 아이의 흥미와 관심을 유발할 수 있는 것이어야 한다. 엄마가 하고 싶은 질문이 애초에 흥미롭지 않은 것이라면, 우선 아이가 흥미 있어 하는 것을 중심으로 질문을 하려고 노력해야 한다. 하지만 어쩔 수 없이 흥미 없어 하는 주제에 대한 질문을 할 경우가 생긴다면, 때로는 자극적인 말로 아이의 도전 의식에 불을 지피는 것도 한 방법이다. 그러나 앞에서 말했듯이, '할 수 있다'는 격려의 말로 아이의 잠재성을 끌어올리는 것이 아이의 심리 상태를 더 고려한 대안이 될 것이다.

아이가 대답할 수 있는 질문을 하라. 그러나 그것이 꼭 현재 수준의 질문만 하라는 것은 아님에 주의하라. 아이가 노력해서 대답할 수 있는 질문을 찾아야 가장 큰 효과를 볼 수 있다.

- Bad: 방금 본 작품의 주인공이 무엇을 좋아했지?
- Good: 방금 본 작품의 주인공이 살던 시대에 네가 살게 되었으면 어땠을까? 학교에서 사회 시간이나 국사 시간에 배웠던 것과 연결해서 이야기해 줄래?

5. 정답이 있다고 생각하지 말라!

질문을 하면서 엄마가 절대로 하지 말아야 할 일이 있다. 자기 생각을 정답인 것처럼 아이에게 강요해서는 안 된다. 아이가 내놓은 답이 잘못되었다고 생각한다면, 내가 정답이라고 생각하는 답을 들이밀기보다는 스스로 잘못을 깨달을 수 있도록 조목조목 따지는 질문을 해야 한다.

또한, 어떤 질문이든 정답이 있다는 생각도 버려야 한다. 앞에서 말했듯이 세상의 문제들은 복잡하며, 사람의 입장에 따라서 혹은 상황에 따라서 답이 달라질 수밖에 없다. 특정한 답만을 정답으로 인정하는 환경에서 자랄수록, 그만큼 다양성을 무시하는 편협한 아이로 자라게 된다. 아이의 다양성을 키워 주겠다며 각종 교육 프로그램에 참여시키고 해외 연수를 보내거나 여러 행사에 참여하게 하는 추세를 완전히 거스르게 되는 것이다.

엄마가 질문에 대한 기본 생각부터 명확히 가져야 한다. 질문은 아이의 생각을 폭발시키기 위해서 하는 것이다. 특정 모범 답안을 아이에게 주입시키기 위해서 질문을 한다면, 질문의 효과는 크게 줄어들 것이다. 질문은 아이가 자기 생각을 만들고 그것을 스스로 확인해 볼 수 있는 좋은 학습 기회이다. 효과적인 단순 암기의 기회인 것이 결코 아니다.

엄마가 질문을 통해서 자기가 생각하는 답이 나오도록 유도하면, 아이는 자기주도적으로 생각하기를 포기하고 계속 엄마의 눈치를 보게 될 것이다. 엄마가 좋아하는 답을 하기 위해서 엄마의 질문을 들을 뿐, 자신의 생각을 자유롭게 펼치게 해 줄 좋은 자극제로서 엄마의 질문을 받아들이지는 않을 것이다.

창의적인 아이를 바란다면 아이 스스로 생각을 펼쳐 나가게 해야 한다. 사고력은 말 그대로 생각의 힘이다. 생각의 힘이 넘치는 아이로 키운다면서 계속 이유식을 받아먹는 아기처럼 대해서는 안 된다. 설령 아이가 틀린 답을 말하더라도 바로 틀렸다고 하거나 평가를 내리기보다는 다른 답은 없을지 생각해 보라고 권유하는 것이 좋다.

- •Bad: 아냐, 틀렸어. 그 사람이 훌륭한 게 성실성 때문이라고 생각하니? 성실하다는 말은 처음 들어 본다. 그 사람은 남다른 리더십 때문에 위인전에도 실린 거야. 이제 알겠니?
- •Good: 그 사람이 왜 성실하다고 생각하니? 구체적으로 확인할 수 있는 일화가 있니?
- •Better: 재미있는 생각이네. 그런데 그 사람이 왜 성실하다고 생각하

니? 다른 사람들도 그 사람이 성실하다고 생각할까?

· Best: 재미있는 생각이네. 그런데 네가 의미하는 '성실'이 어떤 것인지 궁금한데 설명해 줄 수 있겠니? 그리고 성실성 말고, 위인전에 실릴 만큼 특별한 또 다른 훌륭한 점은 없을까?

첫 번째 질문은 자신의 생각을 정답으로 강요하는 것이다. 두 번째 질문에서는 아이 자신이 결론의 근거를 찾도록 유도하고 있다. 근거를 찾을 수 없다면, 자기가 내놓은 답의 허점을 깨닫게 되어 생각을 더 깊이 하게 될 것이다. 틀렸다고 이야기하지 않고서도 방향을 전환할 수 있으니 좋다. 더구나 엄마가 생각한 정답이 틀릴 수도 있으니, 그것을 확인할 수 있다는 점에서도 좋은 질문이다. 세 번째 질문은 아이가 자신의 결론을 좀 더 객관적으로 보게 유도하는 질문이다. 시야를 좀 더 넓혀서 자기 답을 돌아보게 하는 효과가 있다. 네 번째 질문은 아이가 혹시 오개념을 가지고 있지 않은지 확인할 수 있게 해 준다. 아이가 일반적으로 받아들여지기 어려운 주장을 하는 것은, 창의적이어서 그럴 수도 있지만, 애초에 개념을 잘못 알고 있기 때문일 수도 있다. 둘 중 어느 쪽인지 확인할 수 있고 한 걸음 더 나아가 새로운 생각을 유도한다는 점에서, 좋은 질문이라고 할 수 있다.

제3장부터는 21세기 교육 패러다임에 맞게 아이들과 실제로 어떻게 질문을 주고받는 것이 좋은지, 그리고 그 결과로 어떻게 글로벌 리더십을 키울 수 있는지 차례로 살펴보기로 한다.

미래 사회에 대한 이해를 돕는 책들

아이들이 자신의 잠재성을 키워 능력을 펼쳐야 할 미래는 어떤 것일까? 부모로서 미리 준비해 줄 수 있는 것은 무엇일까? 이런 의문이 든다면 아래 책들이 궁금증을 어느 정도 해결해 줄 것이다. 난이도 순으로 배치했으니, 이를 감안해서 독서의 진도를 잡으면 된다.

새로운 미래가 온다
박영숙 지음 | 경향미디어

깊이가 있는 미래학 책은 아니지만 미래학자들이 이야기하는 여러 개념들을 가볍게 살펴볼 수 있는 책이다. 생존을 위해서 미래를 먼저 이해해야 한다는 저자의 주장을, 책 속의 여러 사례들을 읽다 보면 저절로 실감할 수 있도록 내용이 구성되어 있다. 특히, 이 책의 제3장인 '평생교육 시대 글로벌 인재는 누구인가_인재 조건'에 나오는 이야기 중에서 적어도 평생교육의 개념과 대응 자세에 대해서는 살펴볼 필요가 있다.

제임스 마틴의 미래학 강의

제임스 마틴 지음/류현 옮김 | 김영사

2006년에 출간된 이 책의 원 제목은 '21세기의 의미(The Meaning of the 21st Century)'이다. 저자는 21세기의 의미와 인류가 직면한 거대한 문제들과 그 해결책에 대해서 경제학, 정치학, 사회학 등 각 분야 권위자들과의 심층적인 인터뷰를 통해 상세히 설명하고 있다. 큰 틀에서 미래를 바라보고 아이의 진로를 고민하는 데에도 도움이 될 수 있는 책이다.

미래의 물결

자크 아탈리 지음/양영란 옮김 | 위즈덤하우스

자크 아탈리는 정치, 경제, 인문, 예술 등 학문의 경계를 넘나드는 연구와 저술로 전 세계적으로 인정받는 최고의 지식인이다. 그동안 방대한 자료와 날카로운 통찰력을 바탕으로 사회 변화를 성확하게 예측해 온 자크 아탈리는 잿빛 미래 전망을 내놓는 동시에, 그것을 해결할 수 있는 단서도 제공하고 있다. 책을 읽다 보면 이 책에 나온 여러 문제점을 해결할 수 있는 능력을 키우는 사람이 글로벌 리더가 될 확률이 높다는 것을 깨달을 수 있다. 또한, 미래를 올바르게 내다볼 수 있으려면 지나온 오랜 역사에 대한 통찰이 꼭 필요하며, 그러한 통찰력을 얻기 위해 진지하게 공부해야 한다는 점도 이해하게 된다.

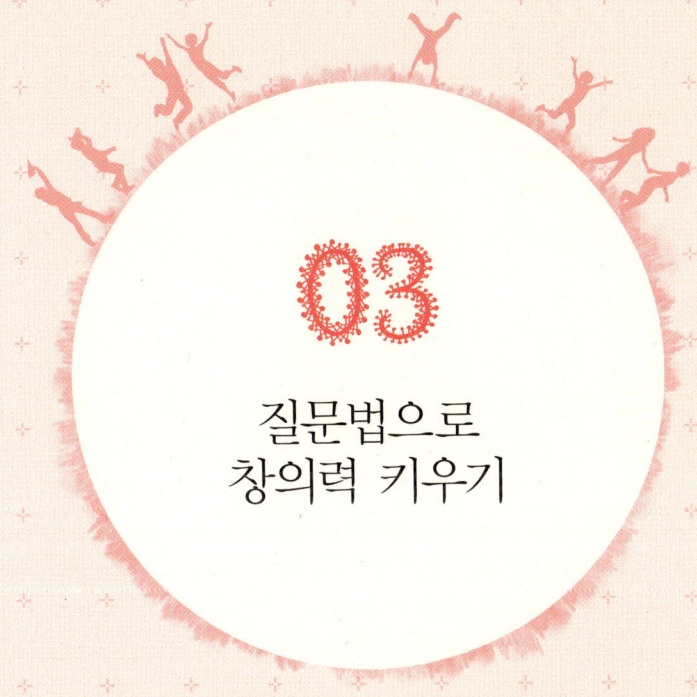

03

질문법으로
창의력 키우기

"만일 생사가 달린 문제를 한 시간 안에 처리해야만 하는 상황에 처한다면,
나는 첫 55분 동안은 적절한 질문을 찾는 데 쓰고
나머지 5분은 그 문제를 해결하는 데 보낼 것이다."

_알베르트 아인슈타인

창의력은 문제 풀이 기술이 아니다

엄마는 초등학교 5학년인 민석이가 요즘 수학 숙제 때문에 힘들어하는 것이 답답하다. 학원을 보내는데도 성적이 별로 나아지지 않는다. 수학 공식을 외우게 시키고 계속 계산 연습을 하는데도 학교에서 내준 숙제를 민석이는 하지 못한다. 다른 반 친구 엄마들에게 물어보아도 상황은 비슷하다. 수학을 통해서 사고력을 기르겠다는 취지는 알겠는데, 애들에게 너무 힘든 문제를 내서 기가 죽게 하는 것은 아닌지 불만이 슬슬 생기던 무렵에 민석이는 또 다른 숙제를 들고 왔다.

"일상 생활에서 최대공약수, 최소공배수가 활용되는 예를 찾으시오."

참고서에 있는 문제처럼 그저 숫자 몇 개를 주고서 최대공약수와 최소공배수를 찾으라고 한다면 척척 잘 풀 민석이었다. 하지만 이런 문제를 보면 어쩔 줄 모른다. 그래서 엄마에게 물어본다. 하지만 엄마도 당황스럽기는 마찬가지다. 수학이라면 일단 자신이 없는 데다 생각을 해야 한다는 것이

엄마의 질문법

부담스럽다. 그래서 그냥 이렇게 말한다.

"인터넷에서 답을 찾아보았니?"

엄마의 말을 들은 민석이는 바로 컴퓨터를 켠다. 20분 동안 정보를 검색하고 나서 이것저것 짜깁기 해답을 만들었다. 민석이 엄마는 답을 확인했다. 그럴듯했다.

"이 정도면 충분하겠네."

민석이가 학교에 가지고 간 답은 다음과 같았다.

1. 최대공약수의 예

과수원에서 배와 사과 따기 체험 행사를 갔다. 거기에서 참가자들은 하루 종일 배는 4050개, 사과는 5400개를 땄다. 참가자들은 과수원에서 준 노란 박스에 정신없이 배와 사과를 담아서 자기가 몇 개를 땄는지 모른다. 과수원 주인은 될 수 있는 대로 많은 참가자에게 사과와 배를 공평하게 나누어 주려 한다. 이때 필요한 개념이 최대공약수이다. 그런데 사과와 배를 나누어 주는 구체적인 숫자는 참가자의 수에 따라 달라진다.

2. 최소공배수

5월 1일부터 석민이는 6일마다, 성찬이는 4일마다 수영장에 간다. 5월에 석민이와 성찬이가 수영장에 함께 가는 날이 모두 며칠인지를 구하는 경우가 바로 최소공배수 개념을 활용해야 하는 경우이다. 즉, 석민과 성찬이는 12일마다 한 번은 수영장에서 볼 수 있으므로, 5월에는 이틀을 함께 만나서 수영장에 갈 수 있다.

다음 날, 석민이는 집에 돌아오자마자 툴툴거렸다. 숙제를 다시 해 가야한다는 것이다. 답 내용 자체는 문제가 아니었다. 자신이 생활 속에서 겪은 사례로 숙제를 해야 창의성이 길러지는데, 숙제를 내준 뜻을 모르고 인터넷에서 답을 찾아 온 탓에 아이들이 모두 비슷한 답을 냈다며 선생님이 화를 내셨다고 했다. 너희들이 과수원 주인이냐고, 수영장은 정기 공휴일도 없느냐고 지적을 하셨단다. 석민이는 처음에는 선생님이 자기 답만 콕 찍어 말씀하시는 줄 알았다. 하지만 쉬는 시간에 확인했더니, 많은 애들이 똑같은 답을 써냈단다. 이 이야기를 들은 엄마는 민석이를 타박했다.

"그러니까 생각을 좀 하란 말야. 인터넷에서 답을 봤어도 좀 바꿔서 내란 말이야. 그래야 남들 다 인터넷 베꼈을 때 너는 창의적으로 보일 것 아니니?"

그런데, 석민이 엄마가 말한 식으로 답을 하면 창의적 사고력을 기를 수 있을까? 아니면, 선생님이 계속 내는 숙제처럼 창의적 사고력을 요하는 문제를 계속 힘들게 풀다 보면 사고력이 저절로 커지는 것일까?

엄마의 질문법

21세기에 맞는 창의성이란?

21세기는 전문가 시대, 디지털 시대, 차별화 시대라고 이야기한다. 자기 분야에 대한 확실한 노하우를 가지고 있는 전문가가 되어야 생존할 수 있고, 통신이나 방송뿐 아니라 일상의 거의 모든 것이 컴퓨터와 밀접한 관련을 맺고 있는 디지털 생활 환경으로 바뀌기 때문이다. 그러면 차별화 시대란 무엇일까? 차별. 단어의 뜻은 '남과 다름'이다. 그런데 남과 다르면 무조건 성공할 수 있을까? 아니다. 남과 다르면서 효과적이어야 한다. 그냥 엉뚱해서 남다르다는 것일 뿐이라면 괴짜 취급만 받지, 글로벌 경쟁력을 가진 인재로 인정받을 수 없다. 차별화 시대 개념에서 강조하는 것은 남과 다르면서도 효율적인 성과를 낼 수 있는 능력, 즉 창의성이다. 디지털은 거의 모든 사람에게 제공되는 변화이지만, 어떤 창의성과 전문성을 가지느냐에 따라 성공 여부가 달라지는 것이 21세기의 특징이다.

여기서 꼭 짚고 넘어가야 할 점이 있다. 21세기의 전문가는 절대로 서술적 지식이 많은 기존의 박사와 같은 사람이 아니라는 것이다. 정식 학위가 없더라도 자기 분야에서 노하우를 많이 가지고 있고 혁신을 주도할 수 있는 능력이 있으면 전문가이다. 즉, 절차적 지식이 많은 사람이 21세기 전문가이다. 그렇다면 다른 사람들도 다 알거나 충분히 배울 수 있거나 언제든 접근할 수 있는 서술적 지식이 아니라, 자기만의 노하우를 쌓는 것이 중요하다는 결론이 나온다. 결국, 경쟁력을 갖춘 전문가가 되는 것도 그저 책만 열심히 판다고 되는 것이 아니라, 창의성에 의해 좌우되는 셈이다.

그런데 요즘 아이들이 받고 있는 교육은 창의성을 키우는 데 얼마나 도움이 될까? 많이 개선되었다지만 교육 내용이 교과서에 한정되는 경우가 많다. 벽을 허무는 것이 창의성의 기본인데, 일정한 틀 안에서 생각하도록 훈련받고 있는 셈이다. 게다가, 서술적 지식을 주입하는 수업이나 숙제가 주된 학습 활동으로 채워지고, 평가 또한 객관식 지필 시험으로 이루어진다. 물론, 이런 방식도 그 나름대로 장점이 있다. 그중 최고는 짧은 시간에 많은 양의 지식을 전달할 수 있다는 점이다. 그래서 학교나 학원에서 창의성을 강조하면서도 교육 효과를 빨리 보여 주고 싶을 때 아이들에게 암기를 시키는 것이다. 그런데 음식을 먹는 데에 한계가 있는 것처럼, 마음의 양식인 지식도 한꺼번에 섭취하는 데 한계가 있다.

아무리 많은 지식을 체계적으로 심어 주려 노력했다 하더라도 학생들이 잊어버리면 그만이다. 그래서 수시로 시험을 봐서 긴장하게 하여 외우게 하고, 늦은 시간까지 붙잡아 놓고 외우게 해서 과제를 완수해야 집에 보내는 학원이 많은 것이다. 레벨 테스트, 쪽지 시험, 형성 평가, 주말 고사, 중간고사, 기말고사 등이 있는 것도 이 때문이다. 그러나 그런다고 창의성이 길러

질까? 서술적 지식은 어느 정도 쌓을 수 있다지만, 앞에서도 이야기했듯이 절차적 지식과 창의성은 성질이 서로 전혀 다르므로, 이런 방법으로는 창의성을 계발할 수 없다.

더 안타까운 점은, 그렇게 힘들게 외운 서술적 지식이 매 순간 새로운 연구 등을 통해 업데이트되는 지식사회의 특성상 별로 유용하지 않다는 것이다. 앞에서 이야기했듯이, 정보의 양과 질은 보름마다 두 배로 껑충 뛸 정도로 달라진다. 앞으로는 더 심해질 것이다. 즉, 우리 아이들은 어제 요긴하게 썼던 지식이 오늘 쓸모가 없게 되어 버리는 시대에 살게 될 것이다. 지난 20세기에 부모가 교육받을 때처럼 일단 배워 두면 몇십 년 동안 버틸 수 있는 지식인 양 암기시키는 식으로는 도저히 21세기의 경쟁력을 갖출 수 없다. 지식 그 자체가 중요한 것이 아니다. 그런 지식이 어떤 가치를 가지 있는지 판단할 수 있는 안목과, 스스로 그런 지식을 만들어 낼 수 있는 노하우를 가르쳐야만 한다. 그것을 가능하게 하는 것이 바로 질문법이다.

예전에도 질문을 활용해서 교육을 시키기는 했다. 대표적인 방법이 IRE 수업 방식이다. 우선 교사가 질문을 시작하면(Initiate), 학생은 대답하고 (Respond), 교사는 학생의 대답을 평가하는(Evaluation) 수업 방식의 각 단계 머리글자를 따서 IRE라고 부른다. 그런데 이 방법은 스위치를 누르면 반응하는 음성 녹음 인형처럼 학생을 수동적으로 만든다는 문제가 있다. 미리 정해진 답을 이야기하지 않으면 처벌을 내리거나 안 좋은 점수를 주어서 결국 특정한 서술적 지식을 갖추게 하는 것이 IRE 방법의 주된 목적이다. 앞에서 말한 21세기에 걸맞은 창의성과는 거리가 먼 방법이다.

질문자가 예상한 답과 다를수록 오히려 더 좋은 것이 창의성을 위한 질문법의 특징이다. 아이가 예상과 다른 답을 내더라도 바로 평가하지 않고 왜 그런 답을 내놓게 되었는지 자기 생각을 점검하게 하는 질문을 추가로 한다면, 아이들은 지식을 쌓고 활용하는 노하우가 무엇인지 자연스럽게 익히게 된다. 그리고 그런 습관을 들이는 과정에서 자신만의 답도 찾게 되어 창의성도 길러질 수 있다. 그러나 짧은 시간에 많은 서술적 지식을 전달할 목적으로 마치 쪽지 시험 보듯이 학생에게 물어보는 방식으로는 이런 효과를 거두기 힘들다. 창의성을 기르자면 우선 질문으로 무엇을 얻을 것인지를 분명히 해야 한다. 아이가 서술적 지식을 암기한 대로 척척 이야기하기를 바라는지, 아니면 절차적 지식을 창의적으로 쌓는 노하우를 기르기를 바라는지 결정해야 한다.

창의성이라면 왠지 거창한 것 같아 엄두가 잘 나지 않는다는 부모들이 있다. 예전의 창의성 개념에 젖어 있기 때문이다. 지난 1950년대부터 1970년대까지 집중적으로 이루어진 창의성 연구 결과에 따르면, 창의적인 사람은 확실히 보통 사람들과는 다른 성향을 갖고 있는 것처럼 보였다. 어린 시절에 남다른 경험을 한 것이 무의식적 자원이 되어 창의적 업적을 내놓는다는 정신분석학적 연구에서도, 창의성 검사를 만든 것으로 유명한 미국 남캘리포니아대학(USC) 심리학과 J. P.길포드(Guilford) 교수의 연구에서도, 초점은 개인적 성향과 창의성의 관계에 맞추어져 있었다. 그 결과, 그쪽 방면의 책이 많이 쏟아져 나왔고, 현재까지도 인기가 있다. 그러나 1980년대를 거치면서 신경과학이 비약적으로 발전하고 뇌에 대한 관심이 커짐에 따라, 뇌과학과 창의성을 연결시켜 다루는 사례가 많아졌다. 이 연구들에서는 창의적 사고가 형성될 때의 두뇌 움직임의 변화를 강조하며, 구체적으로 뇌를 어떻게 단련하라고까지 제안한다. 그러나 불행히도 아직은 뇌과학이 어떤 결론을 확실히 내릴 수 있을 정도가 아니므로, 대체로 그럴듯한 가설을 사례에 끼워 맞춰 억지를 부리는 것이기 십상이다. 미국 웨스턴온타리오대(University of Western Ontario) 심리학과의 알버트 카츠(Albert Katz) 교수는, 창의적 능력이 뇌의 특정 부분에 좌우된다는 식으로 말하는 것은 "베토벤이 좌뇌가 없었기 때문에 훌륭한 작곡을 할 수 있었다"는 말처럼 황당무계한 주장이라고 비판했다. 지금도 '우뇌가 만드는 창의성' 따위의 선전 문구를 내건 교육 프로그램이나 도서가 심심치 않게 나오는 것을 보면 걱정이 되지 않을 수 없다.

현재 대부분의 심리학자와 인지과학자들은 창의성이 성격과 관계가 있다거나, 뇌의 특정 부위가 창의성 형성에 직접적인 영향을 준다는 주장을 믿지 않는다. 요즈음에는 인간의 두뇌뿐 아니라 상황이나 개인적 경험, 창의성이 필요한 맥락, 평가자의 수준 등 아주 복합적인 원인이 생각의 형성에 영향을 미치고, 그것이 다양한 과정을 거쳐 창의성이라는 결과를 낳는다고 보는 것이 대세이다.

다중지능이론으로 유명한 하버드대 심리학과 하워드 가드너(Howard Gardner) 교수나 스탠포드대 심리학과의 로버트 스턴버그(Robert J. Sternberg) 교수, 워싱턴대 교육심리학과 키스 소여(Keith Sawyer) 교수, 미국 템플대 심리학과의 로버트 와이즈버그(Robert Weisberg) 교수 같은 세계적 창의성 연구자들은 "누구나 창의적일 수 있다"고 말한다. 그런데 이 말은 조심스럽게 해석해야 한다. 누구나 창의적일 수 있다는 말이 곧 누구나 아인슈타인과 같다는 말인 것은 아니다. 세상에는 두 가지 창의성이 있다. 큰 창의성과 작은 창의성. 연구자들이 흔히 대문자로 표기하는 '큰 창의성(Creativity)'은 자기가 속한 분야의 역사를 바꾼 위대한 업적과 관련된 창의성이다. 이에 비해 소문자로 표기하는 '작은 창의성(creativity)'은 일상생활에서의 개선이나 좋은 아이디어와 같은 창의성을 의미한다. 최근에 새롭게 창의성 연구를 하고 있는 학자들이 강조하고 싶어 하는 점은, 기본적으로 누구나 '작은 창의성'을 충분히 키울 수 있으며, 그 원리와 과정은 '큰 창의성'과 다르지 않다는 것이다.

로버트 와이즈버그 교수 말에 따르면, 창의성은 평범한 사고과정의 연장일 뿐이다. 와이즈버그 교수는 2006년 기존의 창의성 이론을 뒤엎는 내용의 『창의성: 천재의 신화를 넘어서(Creativity: Beyond the Myth of Genius』라는 책을 내놓아 큰 반향을 일으킨 바 있다. 와이즈버그 교수는 이 책에서, 각기 다른 시기에 그린 피카소의 그림들에 계속 반복되는 요소가 있다는 사례 등을 제시한다. 항상 새로운 것만 내놓을 것 같은 예술가조차도 이미 있는 것들을 재조합한다는 점을 보여 주면서, 창의성이 얼마나 평범한 요소를 바탕으로 하고 있는지를 조명한 것이다. 천재도 창의성을 펼쳐 업적을 인정받고 능력을 충분히 발현하는 데 시간이 걸린다. 아인슈타인조차도 그랬다.

키스 소여 교수도 2006년에 발간한 책 『창의성에 대한 설명(Explaining Creativity)』에서, 천재들도 지난한 훈련을 통해서 남들이 부러워하는 정보 습득 및 해석력을 가지게 되었다고 주장했다. 하지만 우리는 천재는 보통 사람과 확실히 다른 존재라고 믿고 싶어 한다. 이런 현상의 배경에는 심리적 비밀이 숨어 있다. 우리는 창의성을 아주 특별한 능력이라고 생각한다.

그리고 이런 특별한 창의성은 우리보다 능력이 훨씬 뛰어난 사람들만이 발휘할 수 있는 것이라고 믿는다. 이것은 '특별한' 천재의 '타고난' 능력을 창의성이라고 생각해야 '평범한' 우리의 자존심이 그나마 덜 상처받을 수 있기 때문이다. 미국 오하이오대 심리학과 마크 알리크(Mark D. Alicke) 교수는 이런 현상을 "천재 효과(genius effect)"라고 불렀다.

이처럼, 우리는 나보다 나은 업적을 이룬 사람의 능력을 실제보다 과장해서 아예 경쟁 상대가 아닌 것처럼 만든다. 그리고 그렇게 다른 사람을 우러러 떠받드는 대신에 열등감을 덜 느끼게 된다는 보상을 얻는다. 반에서 그런대로 성적이 나오는 아이가 전체 1등 하는 아이를 아주 특별한 존재라 믿으며 둘 사이에 선을 명확히 긋는 것이나, 운동 선수가 그 분야 최고의 선수를 거의 신격화하는 것도 이 때문이다. 결국, 아예 사회적 비교 가능성을 부정함으로써 힘겨운 경쟁을 할 필요나 그 결과에 의해 상처받을 위험을 회피할 수 있게 된다. 이렇듯 천재 효과에 기대면 심리적 안정을 꾀할 수 있다.

창의성에 관한 베스트셀러, 특히 여러 위인의 사례를 소개하는 책들의 내용을 잘 살펴보면 천재 효과를 부추기는 책이 대부분이다. 그래서 책을 읽을 때에는 참 재미가 있고 크게 영감을 받는 것 같지만, 정작 얻고자 했던 창의성은 전혀 나아지지 않는다. 이제 생각과 행동을 바꾸자. 여러분과 아이들 모두 21세기에 걸맞은 창의력을 가질 수 있다. 좋은 전략을 쓰고 노력을 하기만 하면 된다.

질문과 창의성의 관계

러시아의 철학자이자 교육학자인 레프 비고츠키(Lev S. Vygotsky)는 어린 시절에 학교에서 지식을 배우지 않았다. 몇 년 동안 가정교사 아시피츠(Ashpiz)에게 교육을 받았다. 지금으로 따지면 홈스쿨링을 한 셈이다. 그런데 그 홈스쿨링의 대부분은 일방적인 강의가 아니었다. 교재를 놓고 진도를 나가는 수업이 아니라, 특정 주제를 정해 놓고 질의응답, 즉 토론을 하는 식이었다.

비고츠키의 부모는 가정교사를 통한 자녀 교육만 토론식으로 진행하도록 한 것이 아니었다. 가족끼리 이야기를 할 때도 토론을 즐겼다. 지금 한국에서는 논술 때문에 아이를 토론식 학원에 보내거나 과외, 학습지 등을 시키는 부모가 많다. 하지만 비고츠키 가족처럼 집에서 홈스쿨링을 하거나 저녁에 식사하면서까지 토론을 일관되게 즐기는 사람은 많지 않다. 일단 부모가 토론을 즐기지 않으면 유지하기가 힘들기 때문이다. 그러나 다행히

비고츠키의 부모는 토론을 즐기는 사람들이었다. 그리고 무엇보다도, 그들에게는 토론을 통해서 아이에게 무언가를 가르쳐야겠다는 욕심이 없었다.

비고츠키 부모의 교육은 홈스쿨링 교재를 1년치 사서 그 주제에 맞게 토론을 단계별로 진행하는 식이 아니었다. 그날 있었던 일이나 화제가 되는 이슈에 대해서 자연스럽게 서로 질문하고 대답하면서 이야기를 나누는 식으로 토론을 진행했다. 비고츠키 부모에게 욕심이 있었다면, 단지 여러 수준의 지식을 가진 가족들이 토론을 통해서 서로 생각을 촉진시키게 해야겠다는 것 정도였다. 이미 대학생인 큰형이 그 또래의 수준에 맞는 시각으로 이야기를 하면, 아직 열 살도 안 된 비고츠키는 또 그 또래의 입장에서 그 문제를 어떻게 보고 있는지 이야기를 할 수 있도록 격려했다. 날카로운 평가를 하거나, 어떤 것이 정답이라고 이야기하지 않았다. 그보다는 자유롭게 서로 이야기를 하도록 분위기를 만들어 주었다. 부모님의 열린 교육 덕분에, 비고츠키는 결론에 구애받지 않고 토론 과정 자체를 즐기면서 그로부터 많은 것을 배울 수 있었다. 비고츠키의 부모가 토론을 다양한 수제에 관한 여러 지식을 전달할 기회로 여겨 지식 교육에 욕심을 냈다면, 토론은 부자연스럽고 재미 없는 과정을 거쳐 빤한 결론으로 끝났을 것이다.

한국의 토론 수업에서 환경문제를 주제로 토론한다면 개발론과 환경보호론이라는 양대 입장을 정해 놓고 둘의 장단점을 비교하는 식으로 흘러가기 마련이다. 그 결과, 양쪽 주장의 비교표가 지식으로 남는다. 하지만 비고츠키의 방식에 따르면, 개별 지식에 집중하기 전에 자신의 관점이 무엇인지 확인하고 다른 사람의 관점을 객관적으로 받아들인 후, 필요하다면 자기 관점을 수정해서 다시 내놓는 과정을 경험하는 것이 토론에서는 더 중요하다. 즉, 개별 사실에 관한 서술적 지식보다는 지식 형성과 관련된 절차적 지식의 습득을 돕는다는 점에 토론이 더 큰 중요성이 있다고 하겠다. 훗날, 비고츠키가 자신의 토론 경험을 살려 '관점 취하기(perspective taking)'를 이해와 사고의 핵심 과정으로 이론화한 것도 그 때문이다. 비고츠키는 질문을 받으면서 자신의 생각을 끊임없이 의심하면서 다른 측면을 생각했고, 그 덕분에 그의 사고력은 비약적으로 발달했다.

비고츠키처럼 질문을 통해서 여러 지식을 조합해 자신의 관점을 세우는 절차적 지식을 배운다면, 그만큼 여러 분야의 지식을 형성할 수 있는 노하우를 아는 셈이다. 실제로 비고츠키는 철학, 문학, 역사, 생물학, 예술 등에서 뛰어난 재능과 사고력을 갖추고 있었다. 별명이 '꼬마 교수'였을 정도였다. 그는 8개 국어를 할 줄 알았고, 그래서 미국을 비롯하여 유럽에서 나오는 여러 분야의 논문이나 저서, 문학작품, 예술서 등을 두루 섭렵할 수 있었다. 내 아이가 이런 천재적 능력을 갖게 된다고 상상하기만 해도 행복하지 않은가?

어떤 아이는 책을 읽으면서 스스로 여러 질문을 만들어 낸다. 책에 나온 단어가 무엇인지 궁금해하고, 책의 주제에 대해서 생각하기도 한다. 그러나 이렇게 스스로 만든 질문만으로는 내용을 충분히 이해할 수 없다. 호기심은 이해의 필요조건이지, 필요충분조건인 것은 아니다. 이해를 하려면 더 많은 지식과 사고력이 필요하다. 그런데 아이는 지식과 사고력에 한계가 있다. 또, 지식과 사고력을 순전히 자신의 노력만으로 만들 수 있는 것도 아니다. 만약 그렇다면 스스로 공부할 시간만 있으면 될 터이다. 하지만 현실은 그렇지 않다. 아무리 많은 교재와 선생님을 붙여 주어도 아이가 쌓을 수 있는 지식과 사고력에는 한계가 있다. 또한, 힘들게 지식과 사고력을 쌓더라도 질은 보장할 수 없다. 열심히 해도 틀릴 수 있기 때문이다.

그런데도 아이의 생각을 펼치게 한다며, 창의성을 키운다며 무조건 스스로 질문을 하도록 하면 어떻게 될까? 생각을 키우려면 지식이 필요한데 아직 충분치 못하고, 제 나이 수준의 지식은 다시 생각의 수준도 고만고만하게 만든다. 즉, 제자리걸음을 하게 한다. 이른바 열린 교육, 창의성 교육을 해도 아이들이 짜증을 내거나 그 결과가 신통치 않은 것도 이 때문이다.

공부는 무조건 책상에 앉아서 하는 것이고 생각은 자기 머릿속에서만 만들어지는 것이라는 일반적 상식과는 상당히 다른 이론을 비고츠키는 주장했다. 상식과 다른 그 이론이 학자들에게 새로운 시사점을 많이 제공하고 있다. 실제로, 최근에 선진국의 교육 방법들은 주로 비고츠키 이론에 따라 만들어지고 있다. 교육학자와 심리학자들은 왜 공통적으로 비고츠키에 주목하는 것일까? 그것은 비고츠키가 사람이 어떻게 지식을 형성하고 발달시켜 가는지에 대해서 창의적인 관점을 제시하기 때문이다.

예전 학자들은 사람들이 마치 복사기로 문서를 복사하듯이 지식을 받아들인다고 생각했다. 하지만 지식을 형성한다는 것은 단순한 암기 이상의 것이다. 보라. 똑같은 뉴스를 신문에서 봐도, 똑같은 이야기를 텔레비전에서 들어도, 똑같은 문서를 읽어도 사람마다 이해하는 것이 다르고, 생각하는 바가 다르고, 나중에 머릿속에 체계화한 지식이 다르지 않은가? 이것은 사람들이 지식을 그대로 복사하기보다는 자기 입장에 맞게 내용을 재구성하기 때문이다.

외부로부터 들어오는 지식의 내용을 재구성할 때 가장 중요한 영향을 미치는 것이 바로 사회·문화적 맥락이다. 똑같은 책을 보더라도 한국 사람이 이해하는 바가 다르고 미국 사람이 이해하는 바가 다를 수 밖에 없는 것도 기본적으로 사회·문화적 맥락이 서로 다르기 때문이다. 사실은, 지식의 탄생 자체가 사회·문화적 현상인 것이다.

우리가 누군가의 생각을 알게 되는 것도 사회·문화적 요소를 통해서이다. 그 사람이 자기 생각을 머릿속에만 넣어 놓고 있다면 그것을 알아낼 방법이 없다. 어떤 생각이든 언어나 행동 등을 통해 사회적으로 표현이 되어야 전달이 된다. 이게 아주 중요한 포인트이다. 질문은 지식을 계속 사회적 맥락에서 검토하게 한다. 그리고 그것이 남다른 시각을 가지고 지식을 형성하게 하는 질문이라면 더 창의적인 지식을 형성하도록 촉진할 수 있다.

질문은 애초에 답이 무엇이라고 알려 주려는 것이 아니다. 답을 찾으라고 자극하는 것이 질문이다. 그렇기 때문에 질문은 최종 목적인 답과 함께, 그것을 찾는 방법까지 배울 수 있는 기회를 준다. 결국, 질문은 자기 나름대로 세상의 지식을 요리해서 멋진 생각으로 만드는 경험을 하도록 만든다. 이게 바로 창의성 훈련이 아니고 무엇이겠는가. 그런데 창의적인 시각, 자신만의 관점을 가지려면 같은 정보도 다르게 볼 줄 알아야 한다. 즉, 세상의 생생한 생각 재료를 '발견'의 기술로 거두어 올려 자기 입맛에 맞게 요리해 먹을 수 있어야 한다.

질문이 보는 법을 바꾼다

사람들은 해변에 가면 주로 바다와 모래사장을 있는 그대로 바라보며 노느라 정신이 없다. 그것은 백 년 전이나 지금이나 별 차이가 없는 모습일 것이다. 그런데 해변에서 세심한 관찰을 한 사람이 있다. 그의 이름은 베게너(Alfred Lothar Wegener)이다. 그의 관찰은 천재만이 할 수 있는 종류의 것은 아니었다. 지금 우리도 그의 눈을 통해서 여러 대륙의 해안선의 모양을 자세히 보면 같은 결론을 내리게 될 정도로 뻔한 것이기도 하다. 그는 지도를 보고 남아메리카 동해안 경계선이 아프리카 서해안 경계선과 서로 잘 들어맞는다는 사실에 주목했다. 보통 사람들은 그것을 재미있는 우연이라고 생각하고 넘기겠지만, 베게너는 그러지 않았다. 그는 여러 증거를 모으고 직접 해안선을 관찰하면서 점점 더 생각을 발전시켜 나갔다. 그리고 급기야 1912년에는 '대륙이동설'을 논문으로 발표하기에 이르렀다.

"하나의 초대륙(판게아)이 분열하여 오랫동안 이동한 결과 오늘날과 같은 대륙이 이루어졌다. 현재에도 오스트레일리아와 남극을 제외한 지구상의 5 대 대륙이 서로 천천히 이동하고 있다."

지금은 초등학생용 과학 도서에도 나오는 이야기이다. 하지만 이 논문을 발표한 당시에 베게너에게 쏟아진 것은 참혹하다 싶을 정도의 비판뿐이었다. 지질학자도 아닌 기상학자가 발표한 논문이기에 더욱더 비웃음을 샀다. 사람들은 과학자의 대명사인 뉴턴(Issac Newton)이 주장한 "산은 전체적으로 육지가 쪼그라들면서 생겼다"는 이론을 더 믿고 있었다. 그때는 대륙이 이동한다고 해도 그것을 증명할 길이 없었다. 당시의 측정 수단으로는 일 년에 겨우 1~2센티미터를 움직일 정도로 느린 대륙 이동 속도를 확인할 수가 없었다. 그리고 지질학, 고생물학, 고기후학, 지층의 연령 측정법이 발전하지 않았던 때였기에, 대륙 이동의 원인이나 결정적인 증거를 찾을 수가 없었다. 현재는 맨틀 대류설이나 해저 확장설, 판구조론 등으로 쉽게 설명될 수 있지만, 그 당시에는 과학자로서 천재라는 뉴턴을 부정하면서 독자적인 생각을 하는 것조차 쉽지 않았다.

그러나 베게너는 결사적이었다. 원래 기상학자였던 그는 자기 이론을 증명하기 위해 여러 분야의 증거 자료를 수집했다. 직접 세상을 누비다 보니 탐험가라는 직함도 얻게 될 정도였다. 남아메리카와 남부 아프리카의 동물 세계가 놀라운 정도로 닮아 있음도 지적할 수 있을 정도로 그는 증거 수집에 열을 올렸다. 그런데도 지질학자들은 그의 말을 믿지 않았다. 오히려, 독일의 기상학자가 왜 그렇게 '미친 가설'을 끈질기게 주장하는지 이해하지 못했다. 그래도 베게너는 증거를 찾는 일을 포기하지 않았다. 그리고 관찰한 바를 모아 이론으로 만들어, 현재 초등학교 학생이 읽는 책에 실릴 정도로 확고한 지식으로 인정받게 되었다.

　그 시대에 지도가 있는 사람이라면 여러 대륙의 해안선 모양은 다 볼 수 있었다. 그렇게 누구나 다 볼 수 있는 것에서 그는 새로운 발견을 했다. 소설가 프루스트(Marcel Proust)의 말처럼 "새로운 발견은 원래 새로운 무언가를 보는 것이 아니라 어떤 대상이든 새로운 눈으로 바라보는 것에 달려 있었다". 베게너는 자신의 눈으로 세상의 것들을 읽어 내기 시작했다. 서로 다른 분야의 자료들을 모으고 자신의 주제에 맞게, 즉 자신의 맥락으로 이해하고 재해석하여 새로운 지식으로 창의적으로 연결시켰다.

　그냥 눈을 크게 부릅뜨고 사물을 본다고 발견을 잘하게 되는 것이 아니다. 창의적 관점을 얻기 위해서는 기본적인 관찰부터 달리해야 한다.

　아이의 관찰력을 실험할 수 있는 질문이 있다.

Q: 발견하기 문제
나음 그림에서 가장 눈에 띄는 것이 무엇인가?

〈그림1〉

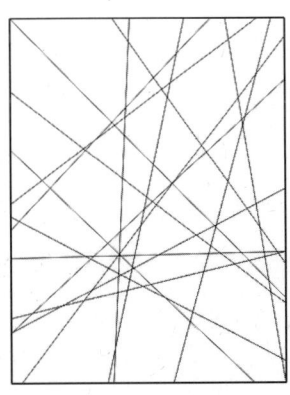

〈그림 1〉에서 어떤 사람은 복잡하게 얽혀 있는 선을 본다. 또, 어떤 사람은 어릴 적 실뜨기 놀이했던 것이나 낙서했던 것을 기억한다. 사람들은 저마다 전혀 다른 시각으로 이 그림을 본다. 그렇다면 창의적인 사람은 위 그림에서 무엇을 볼까? 이 질문에 답하자면 우선 창의적인 사람의 특징에 대해서 알아야 한다.

창의적인 사람은 복잡한 실타래처럼 얽혀 있는 문제를 접해도 유연하게 해결의 실마리를 찾아내는 사람이다. 창의적인 사람은 베게너처럼 남들이 무의미하다고 무시하고 포기하고 마는 것을 조합해서 전혀 다른 결과를 얻어 낸다. 어떻게 그럴 수 있을까? 그것은 문제를 볼 때 의미 있는 패턴을 잘 뽑아내기 때문이다. 창의적인 사람은 앞의 그림과 같이 아주 단순한 것에서도 의미를 잘 발견한다. 그래서 의미 있는 생각을 하고, 의미 있는 결과를 만들어 내고, 의미 있는 행동과 의미 있는 생활을 한다.

실제로, 미국 코넬대(Cornell University)의 존 데세이(John Dacey) 박사의 1989년 연구에 따르면, 창의적인 사람은 폭넓은 시각으로 세상을 바라보고, 직관적으로 전체와 부분의 관계를 파악한다고 한다. 예를 들어, 앞에서 제시한 그림을 보여 주면 창의적인 사람은 〈그림2〉와 같이 의미 있는 형태를 '발견'한다.

같은 것을 보고도 남과 다른 것을 발견할 수 있는 것이 창의성의 기본이다. 첫 단추를 잘 꿰야 하는 법. 창의적 관찰이 없으면, 창의적 생각도 없다. 그러니 의미 있는 관찰을 부추기는 질문을 아이에게 해 주는 것이 창의력 계발의 기본이다. 그런데 의미는 아이의 지식 수준과 밀접한 관련이 있다. 만약 별 모양이 어떠한지 모르는 아이라면 위 그림에서 별을 찾을 수

〈그림2〉

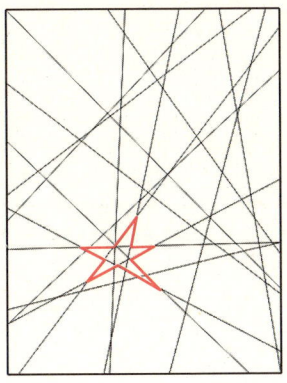

없다. 삼각형만 알고 있는 아이라면 위 그림에서 복잡한 여러 삼각형들만 보게 될 것이다.

창의성에서 절차적 지식이 중요하다지만, 어느 정도는 기본 지식을 갖추어야 한다. 아인슈타인도 학교 성적은 좋지 않았지만 계속 물리학 개념을 공부했으며, 스위스의 특허청 직원으로서 다양한 창의적 아이디어와 지식을 접하는 자리에 있었기에 남다른 업적을 이룰 수 있었음을 무시하지 말아야 한다. 초등학생이나 중학생 아이에게 다양한 기본 지식을 접할 수 있는 독서 교육이 중요한 것도, 뭔가 관찰을 하고 생각을 하려면 우선 의미 있는 생각의 재료부터 있어야 하기 때문이다.

자기 점검 포인트

아이가 다양한 분야에 대해 기본 지식을 형성하도록, 다양한 책과 다큐멘터리를 보여 주려고 노력했는가?	
아이가 이미 알고 있는 지식을 바탕으로 관찰을 하도록 유도하는 질문을 던져 보았는가?	
지식의 난이도를 점점 높여 가며 아이에게 책을 읽게 하고, 어떤 지식을 새롭게 얻었는지 확인했는가?	

그렇다면 관찰을 통해 창의성을 촉진할 수 있는 질문으로는 어떤 것이 있을까? 아래의 질문들은 상황과 아이의 수준에 맞추어 순서를 바꾸거나, 두 개 또는 세 개씩 짝을 지어 활용할 수도 있다.

1. 사회적 맥락을 강조하는 질문

비고츠키가 사회적 맥락을 강조했던 것을 떠올려 보자. 비고츠키의 이론에 따라 다음과 같이 창의적 관찰을 촉진하는 질문을 할 수 있을 것이다.

"지금 보고 듣고 느끼는 것을 다른 사람에게 설명한다면 어떻게 전달할 수 있겠니?"

⋯▸ 이해하지 못하는 것을 다른 사람에게 잘 전달할 수는 없는 법. 다음 단계의 의사소통까지 고려하다 보면 수동적인 관찰이 아니라 능동적인 해석을 하게 될 것이다. 또한 다른 사람에게 이야기할 만한 의미 있는 점에 대해서 더 고민하게 될 것이다.

2. 차별적인 관점을 강조하는 질문

비고츠키가 지식 형성에서 관점 취하기를 강조했던 것을 떠올려 보자. 다음과 같은 질문을 하면 자기만의 관점을 형성하는 경험을 통해 창의성이 나아질 수 있다.

"다른 사람들이 보는 것과 다른 너만의 의미를 찾았니?"

⋯⋯ 다른 사람의 관점과 자신의 관점을 비교하도록 유도하여 '차별적인' 답을 만들도록 촉진하는 질문이다.

3. 깊이 있는 사고를 촉진하는 질문

깊이 있는 사고의 반대말은 단편적인 사고이다. 생각이 한 번에, 혹은 특정한 정보 조각에서 멈추면 안 된다. 다음과 같은 질문으로 생각이 더 나아갈 수 있도록 촉진해 보자.

"지금 관찰하고 있는 것과 연관될 수 있는 것으로는 무엇이 있지?"

⋯⋯ 지식을 형성하려면 눈앞에 보이는 것을 단순히 처리하는 것 이상의 노력이 필요하다. 이처럼 자기가 이미 가지고 있는 지식과 관계가 있는 것을 찾는 훈련을 통해 더 체계적인 지식을 형성하고, 남과 구별되는 생각을 할 수 있게 된다. 이것은 다음 절에서 살펴볼 수학의 규칙성을 발견하는 데에도 크게 도움이 된다.

4. 시각을 바꾸어 보게 하는 상상 촉진 질문

주어진 것을 다른 시각으로 보도록 촉진하는 질문을 한다면 아이는 창의적 생각을 하게 될 것이다.

"두 개를 거꾸로 해서 겹치면 어떤 모양이 될까?"

⋯▶ 다양한 관점 바꾸기용 질문이 가능하다. 예를 들어, 부분을 확대해서 보거나, 전체를 단순화해서 보거나, 보는 각도를 달리해서 거꾸로 뒤집어 보거나, 거꾸로 해서 겹쳐 보거나, 네모난 것을 머릿속에서 동그란 것으로 변형하거나 다른 모양과 합쳐 보도록 하는 것도 도움이 된다. 초등학교 5학년 수학 시간에 여러 가지 도형 패턴으로 무늬를 만드는 것도 이렇게 시각을 달리하여 다양하게 조합해 보기를 촉진하는 질문으로 바꿀 수 있다. 책에 2차원 그림으로 나와 있는 것이 3차원으로 바뀐다면 어떻게 될지 상상해 보게 하고, 막대그래프는 원그래프로 바꾸어 표현하게 하는 등, 형태를 바꾸어 가면서 새로운 의미를 발견하려고 노력할 수 있도록 질문해 보자. 참고로, 초등학교 6학년 수학 교과서에서는 표로 제시된 숫자를 여러 그래프로 바꾸어 보면서 깨달음을 얻게 하는 훈련을 시키는데, 이것도 관점을 바꾸어 의미를 이해하게 하는 훈련 중 하나이다.

5. 통합적 관찰을 촉진하는 질문

대륙이동설을 창안한 베게너의 예에서 보듯이, '창의적 발견'이란 다양한 요소를 하나로 합쳐서 보거나, 전체를 의미 있는 여러 개의 요소로 나누어

엄마의 질문법

볼 줄 아는 것을 뜻하기도 한다. 아이가 주로 분석적으로 관찰을 했다면, 반대 방향으로 생각해 보도록 다음과 같은 질문을 해 보자.

"이것과 합쳐져서 하나가 될 수 있는 것은 무엇일까?"

아이가 너무 큰 덩어리로만 사물을 보는 습관이 있다면, 다음과 같은 질문을 해 보자.

"전체를 부분으로 나누어 볼래? 단, 무조건 잘게만 나누지 말고 의미 있는 단위로 말이야."

⋯➔ 이런 질문은 눈앞의 사물만 따로 떼어 내서 보지 않고 그것이 놓인 전체 상황이나 맥락을 고려하도록 촉진한다. 비고츠키가 강조했던 '의미 있는 맥락' 말이다.

창의적 관찰이란 좋은 질문을 찾는 것

다음 문제를 풀어 보자.

$$1 + 2 + 3 + 4 + 5 + 6 + \cdots + 94 + 95 + 96 + 97 + 98 + 99 + 100 = ?$$

문제에 주어진 대로 무작정 덧셈을 하는 방법은 어떨까? 그냥 포기하는 것보다는 낫다. 그런데 이 방법을 쓰는 순간, 이 문제는 단순한 계산 문제가 아니라 심오한 인내력 검사 문제로 바뀐다. '1 더하기 2'는 '3', 거기에 '3'을 더하면 '6', 거기에 '4'를 더하면 '10'……. 이런 식으로 100까지 더하면 된다. 간단하지만 시간이 많이 걸린다. 그리고 문제 해결의 경험이 다른 문제의 해결에 크게 도움이 되지 않는다는 단점이 있다.

100이 아니라 1000이나 10만까지 더하라고 해도 인내력으로 해결할 수 있을까? 사실, 100까지 더하는 일도 쉽지 않다. 이 방법으로 문제를 푼 학생은 남다른 인내력을 가지고 있다는 칭찬을 받아야 마땅하다. 그러나 세상 사람들은 이런 학생을 "평범하다"고도 안 하고, 대개는 "미련하다"거나 "답답하다"고 평한다. 학생은 불평할지도 모른다. 더하기밖에 배우지 않았으니 다른 방법이 있을 리 없지 않으냐고 말이다. 그러나 같은 문제도 다르게 관찰해서 다른 방법을 생각해 내는 것이 바로 창의적 문제해결의 출발점이다.

단순한 계산 문제에 무슨 창의성이 필요하냐고 물을 수도 있다. 그러나 창의성은 산신령의 세 가지 소원과 달리 특별한 경우에만 쓸 수 있는 것이 아니다. 창의성은 창의적인 사람이라면 일상적으로 활용하는 능력이다. 창의성을 가진 사람들은 일상에서 접하는 어떤 상황도 당연하다고 생각하지 않는다. 무언가를 당연하다고 생각하는 것, 즉 고정관념과 늘 싸운다. 창의적인 사람은 문제를 잘 살펴보지도 않고 뻔하다고 생각하는 법이 없다. 관찰부터 남달리 주의 깊게 한다. 그래서 보통 사람과는 다른 식으로 문제를 해결한다.

다시 한 번 문제를 살펴보자. 앞의 숫자들은 일정한 간격으로, 즉 1씩 증가하고 있다. 이 관찰을 통해 무언가 원리를 발견하면 문제가 해결될 것 같다는 느낌이 들지 않는가? 수학 천재인 가우스(Karl Friedrich Gauss)는 초등학교 시절에 이 문제를 접했다. 그때 그는 문제의 구조를 먼저 살펴보았다. 그 결과, 나열된 숫자를 처음과 끝에서 하나씩 가져다 더하면 일정한 수가 나온다는 사실을 '발견'했다. 즉, 창의적 관찰을 통해 문제에 숨어 있던 의미 있는 패턴을 발견해서 자기 나름대로 능동적으로 재구성했다. 다시 말해, 가우스는 1부터 100까지 차례로 더해야 한다는 고정관념을 버리고 문제의 구조부터 관찰한 것이다. 그리고 그 관찰을 바탕으로 자신의 생각에 맞게 문제를 재정의했다. 이렇듯, 창의성은 주어진 문제를 자기가 관찰한 바에 따라 다시 정의해 새로운 해결 방식을 발견하는 능력이다.

앞의 문제의 구조를 보면, 처음 숫자와 마지막 숫자를 더하면 101, 그 다음 숫자와 마지막에서 두 번째인 숫자를 더하면 역시 101이 된다. 이렇게 앞쪽 수가 커지는 만큼 뒤쪽 수가 작아져서 그 합이 일정하다는 것을 확인할 수 있다. 즉, 합이 101이 되는 짝의 수를 세면 원하는 답을 구할 수 있다. 이 문제의 경우, 앞과 뒤의 수를 차례로 합치면 50개의 짝이 생긴다. 그래서 답은 '50 × 101 = 5050'이다. 그런데 이것을 좀 더 일반화하자면 50개의 짝은 100개인 전체 숫자의 절반이므로 다음과 같이 표시할 수 있다. '(100×101) ÷ 2 = 5050'이다. 이것을 좀 더 일반화한 식이 바로 '등차수열 공식'이다. 지금은 중고등학교 때 배우는 수학 공식을, 가우스는 열 살이던 초등학교 4학년 때 생각해 냈다.

이 문제는 그때 가우스의 담당 교사였던 뷔트너(J. G. Buttner)가 어려운 문제를 내주고 자기는 좀 쉴 요량으로 학생들에게 낸 것이었다. 그런데 모든 학생이 열심히 문제를 푸는 동안 가우스는 팔짱을 끼고 앉아 있었다. 무조건 덧셈을 적용한 것이 아니라 수의 규칙성을 관찰하고 있었던 것이다. 그 결과, 가우스는 누구보다 빨리 창의적으로 문제를 풀 수 있었고, 느긋하게 휴식을 취하려던 선생님의 휴식을 방해했던 것이다. 만약 교사가 아래와 같이 문제를 냈다면 다른 아이들도 힌트를 얻어 쉽게 문제를 풀 수 있었을지 모른다.

엄마의 질문법

$$1 + 2 + 3 + \cdots + 98 + 99 + 100$$

$$100 + 99 + 98 + \cdots + 3 + 2 + 1$$

96쪽에서 네 번째 예로 들었던 질문인 "두 개를 거꾸로 해서 겹치면 어떻게 될까?"와 같은 식으로 다른 각도에서 문제를 관찰하도록 촉진받았다면 아이들의 생각은 바뀌었을 것이다. 공식은 원래 있었던 것이라고 생각하기 쉽다. 하지만 오래된 공식도 엄연히 남다른 관찰을 바탕으로 문제를 새롭게 재정의해 창의적으로 해결하는 과정에서 구해진 것이다. 그런데도 이런 사실을 무시한 채 무조건 외우고 나서 나중에 시험 볼 때 기억을 짜내려고 뇌를 혹사하는 사람도 있다. 공식을 외워서 풀든 공식을 이해해서 풀든 답은 똑같다면서, 오히려 공식을 이해하거나 스스로 유도해 보려는 사람을 미련하게 여기기도 한다. 이런 사람들은 모른다. 창의성은 용불용설(用不用說)의 원리를 따른다는 점 말이다. 즉, 짧게라도 창의적 관찰을 거쳐야 창의성이 나아진다. 얻는 답이 결국 똑같더라도 과정은 달라야 한다. 사물을 창의적으로 관찰하려는 자세를 갖추면 비단 수학 분야뿐 아니라 여러 분야에서 창의적 능력을 꽃피울 수 있다.

그 예로, 가우스는 수학뿐 아니라 언어에도 재능을 보여 초등학교에서 중학교 2학년으로 바로 월반을 할 정도였다. 25세에는 라플라스(Pierre Simon de Laplace)와 같은 당대의 대가조차 풀지 못하던 케레스 소행성의 궤도 측정 문제를 해결하는 등, 천문학 분야에까지 자신의 업적을 확장하기도 했다. 30세에는 괴팅겐대학의 천문대장 겸 교수가 되어 78세로 죽을 때까지 미분기하학과 전자기학, 측지학, 천문학 등과 관련된 창의적 업적을 계속 내놓았다. 이 모두가 초등학교 시절부터 습관을 들인 '관찰' 덕분이었다.

레오나르도 다빈치(Leonardo da Vinci)도 관찰을 통해 여러 아이디어를 얻었다. 그의 공책은 수학이나 공학과 관련된 메모 이외에도 새, 물고기, 곤충 등 각종 동물과 풀이나 나무와 꽃 등 각종 식물, 그리고 인체 장기를 아주 자세히 그린 작품들로 가득하다. 다빈치는 자연을 아주 세밀하게 관찰했다. 그리고 자신이 관찰한 바를 바탕으로 원리를 발견하고, 상상력을 발휘하여 독특한 발명품을 만들었다. 퍼덕이는 새의 날개부터 곤충까지 연구한 끝에 발명한 기계 날개나 프로펠러도 그 예이다. 다빈치의 관찰력은 상상의 세계를 묘사할 때에도 영향을 주었다. 예를 들어, 성서 속의 인물을 그릴 때에도 자신이 관찰한 현실 세계의 사람처럼 그렸으며, 머리 뒤에 후광을 넣지 않았다. 또한, 배경에 있는 인물을 그릴 때에도 얼굴뿐 아니라 손이나 옷의 마무리에까지 신경을 썼다. 창의성의 기본은 상상력만이 아니다. 섣불리 상상력을 발휘하기 이전에 관찰이 중요하다.

관찰은 적절한 질문을 찾는 일, 즉 가우스나 베게너의 사례에서 확인할 수 있었던 것처럼 문제를 창의적으로 정의하는 데 큰 도움이 된다. 그리고 그 관찰의 중요성은 이 장 처음에 인용한 아인슈타인의 말에서 다시 확인할 수 있다.

"만일 생사가 달린 문제를 한 시간 안에 처리해야만 하는 상황에 처한다면, 나는 첫 55분 동안은 적절한 질문을 찾는 데 쓰고 나머지 5분은 그 문제를 해결하는 데 보낼 것이다."

창의성을 키워 주는 질문의 조건

창의적 관찰을 촉진하는 질문법으로 수학을 잘할 수 있는 이유가 무엇일까? 그것은 수학이라는 과목 자체의 특성 때문이다. 흔히 수학은 계산을 위한 것이라고 생각한다. 하지만 그렇게 배운 아이들은 초등학교 시절에는 수학을 곧잘 하다가도 중고등학교에 가서는 헤매게 된다. 왜냐하면 수학에서 계산이 차지하는 비중보다 관찰과 사고가 차지하는 비중이 훨씬 크기 때문이다. 초등학교 때에는 기본적 셈법 위주로 가르치기는 하지만, 거기에도 엄연히 수학의 본질적인 요소가 담겨 있다. 바로 '패턴'이다. 초등학교 교과과정에서는 이것을 '규칙성'이라는 이름으로 배운다. 수학자들은 수학을 패턴의 과학, 혹은 패턴 관계에 관한 연구라고 표현할 정도로 규칙성 발견을 중시한다.

역사상 최초의 수학자라고 불리는 피타고라스(Pythagoras)가 세상 모든 것에는 규칙이 있으며 그것을 숫자로 표현할 수 있다고 믿었을 만큼, 규칙성을 중시하는 역사는 오래되었다. 심지어 일상생활에서도 피타고라스는 제자들로 하여금 엄격한 규칙을 지키게 했다. 학교에서 연구하고 배운 것은 밖에 나가서 절대로 말하면 안 된다, 고기는 먹지 말고 채소만 먹어야 한다, 콩은 먹지 말아야 한다 등등. 그렇게 규칙을 중심으로 생각한 피타고라스는 수학의 기초가 되는 많은 공식들을 만들어 내었다. 수학을 잘하는 아이로 키우고 싶다면 규칙에 대해서 남다른 감각을 기르도록 키워야 할 것이다. 그런 이유로 초등학교 교과과정에서도 규칙성 이해에 많은 양을 배정하고 있다.

	1학년	2학년	3학년	4학년	5학년	6학년
규칙성과 문제해결	• 규칙적인 배열에서 규칙 찾기 • 자신이 정한 규칙에 따라 배열하기 • 100까지의 수 배열표에서 규칙 찾고 말하기 • □를 사용한 식 • 실제로 해보기, 그림 그리기, 식 만들기 등으로 문제를 해결하기	• 다양한 변화의 규칙 찾기 • 수 배열에서 규칙 찾고, 규칙에 따라 수 배열하기 • 곱셈표에서 여러 가지 규칙 찾기 • 미지수 구하기 • 식 만들기 • 규칙 찾기, 거꾸로 풀기 등으로 문제를 해결하기	• 규칙에 따라 여러 가지 무늬 꾸미기 • 표 만들기, 예상과 확인 등으로 문제를 해결하기	• 다양한 변화 규칙을 수로 나타내고 설명하기 • 규칙을 추측으로 말이나 글로 표현하기 • 규칙과 대응 • 단순화하기, 논리적 추론 등으로 문제를 해결하기 • 문제해결 과정 설명하기	• 비와 비율 • 하나의 문제를 여러 가지 방법으로 해결하기 • 주어진 문제에서 필요 없는 정보, 부족한 정보 찾기 • 문제해결의 타당성 검토하기	• 방정식 • 비례식 • 연비와 비례 배분 • 정비례와 반비례 • 문제해결 방법 비교하기 • 문제의 조건을 바꾸어 새로운 문제 만들기 • 문제해결 과정의 타당성 검토하기

이처럼 초등학교에서는 전 교과과정에 걸쳐 규칙성을 가르치고 있다. 왜 그럴까? 규칙성을 발견한다는 것은 여러 낱개의 것에 반복되는 요소 혹은 연관되는 요소가 있음을 이해한다는 것이다. 이런 능력을 갖추면 수학 뿐 아니라 모든 분야의 지식을 한데 아울러 창의적으로 지식을 형성할 수도 있다. 그래서 단순히 계산 잘하는 사람을 만들기 위해서가 아니라, 지성의 기본 소양을 다진다는 면에서 수학 교육을 중시하는 것이다. 그리고 수학은 자연과 우리 일상생활에 녹아 있는 일정한 패턴을 이해하는 데에도 도움을 준다. 자연은 일정한 리듬으로 낮과 밤이 바뀌고 달이 바뀌고 해가 바뀌며, 사람들의 생활도 그에 따라 일정한 패턴으로 변한다. 그래서 예로부터 학자들은 패턴을 이해하기 위해 수학을 발달시켰다.

고대 철학자들 대부분이 수학자였던 것도 다 패턴이라는 규칙을 발견해 내기 위해서였다. 그렇다면 아이들에게도 원래 취지에 맞게 핵심을 가르쳐야 진정한 효과를 거둘 수 있지 않을까? 그렇지 않았기 때문에 중고등학교 선행학습을 해도 수학에 사신이 없는 아이가 많은 것은 아닐까? 숫자로 된 계산 문제는 잘 풀면서도 소위 응용문제라는 문장제는 못 푸는 아이들이 많은 것도 핵심이 빠진 공부를 하도록 가르쳤기 때문이다.

창의성 검사나 아이큐 검사를 보면 다음과 같은 문제가 나온다.

〈예 1〉 아래 그림에서 다음에 이어질 도형으로 알맞은 것은?

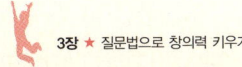

규칙을 이해하고 여러 요소를 연관짓는 것이 수학뿐 아니라 다른 지식을 쌓는 데에서도 중요한 능력이기 때문에 이런 문제가 창의성 검사 등에서 쓰인다. 앞의 예시 문제의 경우, 같은 색깔의 네모를 숫자로 바꾸면 1, 2, 3, 4이고 흑과 백이 번갈아 나온다는 규칙이 있으므로, 하얀 네모 다섯 개가 답임을 알 수 있다. 이것은 96쪽의 질문법 예시 중 네 번째 질문처럼 도형은 숫자로, 숫자는 도형이나 실생활의 다른 예로 바꾸어 생각할 줄 아는지를 묻는 문제이다.

지금까지 우리는 질문법의 맥락을 이해하는 데 필요한 배경지식과, 질문에 쓰일 핵심어들을 알아보았다. 절대로 오해해서는 안 된다. 엄마가 수학에 전문적인 지식을 갖춘 다음에 질문하고 답을 알려 주라는 것이 아니다. 그렇다면 전통적인 교사가 서술적 지식을 평가하기 위해 질문하던 IRE 방법을 따르는 것과 다를 바가 없다. 엄마가 할 일은 아이가 스스로 관찰하고 규칙을 찾도록 이끄는 질문을 하는 것이다.

엄마가 초등학교 모든 교과의 전문가가 될 수는 없는 일이다. 모든 교과 내용을 꿰차고 그것을 쪽지 시험 보듯이 질문하는 것은 이 책이 추구하는 방향과 반대이다. 단답형 질문에 익숙하고 여러 서술적 지식을 외우는 데 치중하는 아이가 창의력 기술을 형성하는 절차적 지식을 익히도록 촉진하는 질문법을 알아보는 것이 이 장의 주 목적이다. 그렇다면 어떻게 해야 창의적 관찰을 촉진하는 질문을 할 수 있을까?

초등학교 4학년 수학 교과서에서는 '다양한 변화의 규칙을 수로 나타내고 설명하기, 규칙을 추측하고 말이나 글로 표현하기, 규칙과 대응'이 다루어지고 있다. 그래서 아이들은 숫자표의 숫자와 사물의 대응을 배운다. 그 과정에서 덧셈, 뺄셈, 간단한 곱셈과 나눗셈을 활용하기도 하지만, 핵심은 대응관계를 파악하는 것이다. 그래서 문제들도 정확한 수식을 사용하지 않고서 규칙성을 발견해 보게 하는 내용으로 구성된다. 그렇다면 엄마는 아이가 생활 속에서도 계속 대응 관계를 찾을 수 있도록 하는 질문을 하면 된다. 이때는 답이 중요한 것이 아니다. 아이로 하여금 생활 속 사물들과 자기 지식을 연관짓는 연습을 하게 한다는 데에 의의가 있다. 질문을 구체적으로 살펴보면 다음과 같다.

마트에 갔을 때에는 "물건의 개수와 물건 값은 어떤 관계가 있는 것 같니?"라고 물어보자. 아이가 단번에 알아차리지 못한다고 답답해하지 말자. 물건의 개수가 늘어날수록 물건 값이 올라간다는 규칙을 아이가 발견하도록 추가 질문을 하는 것도 좋다. "1개일 때 3천 원인 게, 2개일 때는 6천 원이네. 그렇다면, 6개 사면 얼마일까?" 좀 더 수준 높은 질문도 가능하다. 몇 개를 사면 하나를 덤으로 준다면, "10개 사려면 얼마를 내야 하지?"라고 물어보자. 돈 내고 사는 것과 덤으로 받는 것을 묶어서 생각해야 하니, 더 높은 수준의 사고력을 발휘하게 된다.

상품에 붙어 있는 바코드도 훌륭한 질문 재료가 될 수 있다. "바코드에는 어떤 규칙이 있어서 상품을 구별하게 해 주는 것일까?" 그 자리에서 아이가 대답하지는 못할 테지만, 여러 상품을 가져다가 골똘히 바라보면서 뭔가 규칙을 찾으려 노력할 것이다. 관찰로 찾지 못한다면 인터넷 정보 검색을 통해서 알아보도록 유도하자. 일단 정보를 얻게 되면 책이나 신분증 등에 찍힌 바코드에도 적용해 보면서 새로운 규칙을 알아 가게 될 것이다.

엄마가 모른다고 아예 질문조차 하지 않으면 아이는 생각을 자극받지 못한다. 엄마도 왜 그런지 알고 싶다고 하면 아이는 엄마에게 알려 주고 싶어서라도 생각을 하고 정보를 찾을 것이다. 그러면서 지식을 자기 나름대로 형성하는 방법을 익히는 것이다. 질문의 목적이 지식 확인이나 전달에 있는 것이 아니라 아이에게 지식을 형성할 기회를 주는 데 있음을 기억한다면, 엄마는 얼마든지 다양한 질문을 할 수 있다.

엘리베이터에 있는 숫자 버튼 옆의 점자 표시도 수학의 규칙성에 관한 좋은 질문거리이다. 점자는 눈이 안 보이는 사람들을 위한 언어로서, 일정한 규칙을 가지고 있다. 자음은 위쪽이나 왼쪽에, 모음은 아래나 오른쪽에 배치한다. 엄마가 점자를 모르더라도 이러한 생활 요소들이 수학과 연관된다는 것을 생각하게 하는 '관계', '대응', '연관' 같은 단어를 써서 아이에게 질문을 하면 교과서에서 가르치고자 하는 수학의 핵심을 빠르게 이해시킬 수 있다. 그러면 아이는 초등학교 때 나오는 아래와 같은 문제뿐 아니라, 다양한 공식을 사용해야 하는 중고등학교의 방정식 문제도 같은 규칙성 발견의 원리로 해결할 수 있다.

〈문제〉 다음 ( ) 속에 알맞은 수를 넣어 봅시다.

가. $3 \rightarrow 6 \rightarrow (\ ) \rightarrow 12 \rightarrow (\ ) \rightarrow 18 \rightarrow (\ ) \rightarrow 24$

나. $1 \rightarrow 2 \rightarrow 4 \rightarrow (\ ) \rightarrow 16 \rightarrow 32 \rightarrow (\ ) \rightarrow 128$

다. $1 \rightarrow 1 \rightarrow 2 \rightarrow (\ ) \rightarrow 5 \rightarrow 8 \rightarrow 13 \rightarrow 21$

(답)　가. 3 → 6 → (9) → 12 → (15) → 18 → (21) → 24

　　　나. 1 → 2 → 4 → (8) → 16 → 32 → (64) → 128

　　　다. 1 → 1 → 2 → (3) → 5 → 8 → 13 → 21

다른 나라에서도 수학은 규칙성을 중심으로 가르치고 있다. 그래서 이 방식으로 공부를 하면 아이가 미국 등으로 유학을 가더라도 문제 없이 수학에 적응할 수 있을 것이다. 다음은 실제로 미국 초등학교에서 수학 수행평가에 쓰이는 문제들이다.

〈문제 1〉 다음 곱셈의 답을 계산기로 구하여 아래에 쓰세요.

1) 34 × 34=

2) 334 × 334 =

3) 3334 × 3334 =

〈문제 2〉 답의 형태와 곱셈에 관하여 무엇을 알게 되었나요?

〈문제 3〉 계산기를 사용하지 않고 앞에서 발견한 형태를 이용하여 다음 곱셈의 답을 아래에 써 보세요.

33334 × 33334 =

〈문제 4〉 계산기를 사용하지 않고 다음 곱셈의 답을 써 보세요.

3333334 × 3333334 =

〈문제 5〉 3번과 4번 문제의 답을 어떻게 구하였나요?

　　미국 수학 문제의 특징은 계산기를 써서 답을 해도 되는 문제들이 많다는 것이다. 아이가 계산 자체에만 몰두하지 않고 수학의 본질에 대해 더 많이 생각할 수 있게 하기 위해서다. 실제로, 〈문제 2〉부터 〈문제 5〉까지는 규칙성을 찾도록 촉진하는 질문으로 되어 있다.

　　〈문제 1〉의 답을 차례로 살펴보면 다음과 같다.
　1) 34 × 34 = 1,156
　2) 334 × 334 = 111,556
　3) 3334 × 3334 = 11,115,556

　　답을 살펴보면 일정한 규칙이 보인다. 하지만 아이는 그것을 그냥 알아채기 힘들다. 이럴 때 시원한 촉진 질문 한 방이 필요하다. "어떤 것이 반복되니?", 혹은 "무엇과 무엇이 관련이 있니?". 표현은 상황과 아이의 특성에 따라 달라도 된다. 핵심은 '반복', '관련'처럼 규칙성을 암시하는 단어를 담고 있어야 한다는 것이다. 그런 질문을 받으면, 아이는 반복되는 규칙을 찾는 데 관찰력을 더 집중할 것이다.

엄마의 질문법

자기 점검 포인트

규칙성을 암시하는 단어를 사용하여 질문을 하고 있는가?	
구체적으로 어떤 상황에서 질문을 하면 우리 아이의 관찰력을 더 키울 수 있을까?	
아이가 스스로 규칙을 찾았을 때 얼마나 칭찬을 해 주었는가?	

문제에 공통된 요소가 있으면 그것을 중심으로 뭔가 규칙성이 있으리라고 예상할 수 있다. 곱셈 표시 앞의 숫자를 기준으로 앞 문제의 규칙성을 설명하면 다음과 같다. 마지막 숫자인 4 앞에 있는 3의 개수보다 하나 더 많은 1이 답에 포함되고, 5는 3과 개수가 같고, 6이 맨 마지막에 붙는다. 그래서 34 × 34 = 1,156이 되는 것이다. 3의 개수를 n으로 해서 이 규칙을 숫자로 표현한다면, 답의 앞자리를 차지하는 1의 갯수는 n+1, 5는 n만큼 들어가는 것으로 일반화할 수 있다. 이런 규칙을 공식으로 갖고 있으면 33333333334 × 33333333334도 계산기를 쓰거나 일일이 손으로 계산하지 않고 답을 찾을 수 있다.

그런데 문제를 다시 한 번 잘 관찰하면 다른 창의적 문제해결법도 생각할 수 있다. 아이가 97쪽에서 예로 든 "전체를 부분으로 한번 나누어 볼래?"라는 질문을 받았다고 하자. 그러면 아이는 여러 조합으로 숫자를 나누어 보려 할 것이다. 그러다가 3이 계속 겹치는 패턴에 주목해서 334는 곧 '333 + 1'이라는 생각을 하게 된다. 그렇다면 334 × 334 = (333 + 1) × (333 + 1) = (333 + 1)^{2}으로 바꿀 수 있다. '어, 많이 본 모양인데!' 아이는 깨닫는다. 이차방정식은 흔히 $(x + 1)^2 = x^2 + 2x + 1$처럼 표현되지 않는가. 이렇게 규칙성에 바탕을 두고 공부를 하면 초등학교 때 닦은 능력이 중학교까지 이어지게 된다. 그러지 않고 계산과 암기 위주로 공부하기 때문에 중학교 이후에 수학을 포기하는 아이가 많은 것이다. 초등학교 아이에게 이차방정식을 가르치라는 말이 아니다. 거듭 강조하듯이, 규칙성에 대한 이해를 촉진하는 질문으로 아이 스스로 지식을 터득해 갈 기반을 만들어 주는 것이 중요하다.

규칙성을 바탕으로 공부를 하면 또 다른 창의적 문제 풀이도 가능하다. 3334 × 3334의 경우, 앞에서 소개한 이차방정식 공식에 따라 3333^2 + (2 × 3333) + 1이 된다. 그런데 3333^2은 3333 × 3333이다. 3333을 문제 풀이에서 중심이 되는 3을 기준으로 관찰하면 3 × 1111임을 알 수 있다. 즉, 3333^2 = $(3 × 1111)^2$ = 9 × 1111^2이다. 1111도 같은 숫자가 반복되니 뭔가 규칙이 있을 것 같다. 실제로 그렇다. 1111의 제곱은 마치 4를 기준으로 거울에 비춘 것처럼 1234321이다. 11의 제곱, 즉 11× 11은 121이다. 그렇다면 111의 제곱은 무엇일까? 아이에게 직접 한번 물어보면 어떨까? 단, 계산기를 쓰거나 일일이 계산하지 말고 규칙을 찾아 답을 생각해 보라는 조건을 달아서.

이 장에서는 주로 수학 교과를 예로 들어 설명했다. 하지만 다양한 지식을 서로 연관시키고 규칙을 찾아내는 창의적 발견 능력 계발을 돕는 질문법은 다른 교과목과 실생활에서도 필요하다. '발견을 다르게 하는 질문법'으로 초등학교 고학년 아이들과 즐겁게 질문과 답을 주고받게 해 주는 책들을 뒤의 'Tip'에 소개해 두었다. 물론, 꼭 책을 읽어야만 하는 것은 아니다. 날마다 보는 신문 기사를 가지고도 발견법을 활용하여 창의력을 키울수 있다. 서로 다른 사건을 연관짓거나 사건 안에 숨은 의미를 찾다 보면 보물찾기 하는 기분이 들 것이다.

　아이의 기호에 맞게 질문을 변형하는 것은 좋지만, 잊지 말아야 할 핵심이 있다. 의미 있는 패턴, 즉 규칙을 찾도록 이끄는 '연관', '관계', '대응', '실생활 사례', '유사성' 같은 단어나 개념을 꼭 넣어서 질문을 해야 한다는 것이다.

창의력을 키워 주는 정보 자원

1. 창의적 관찰력 및 수리력 향상용 재료

멘사 시각 퍼즐

존 브렘너 지음 / 강미경 옮김 | 보누스

여러가지 규칙성을 가진 시각적 패턴들이 있다. 처음에는 좀 힘들 수 있지만 책에 나온 답과 자신의 생각을 비교해 보도록 유도하자. 평가를 받는 것이 아니라 훈련을 한다는 생각을 많이 하도록 옆에서 격려해 주자. 이 책에는 사물을 자연스럽게 여러 각도로 보게 하는 질문들이 들어 있다.

멘사 수리 퍼즐

존 브렘너 지음 / 권태은 옮김 | 보누스

관찰력이 어느 정도 향상되었다면 이 책을 보아도 좋다. 하지만 이 책의 문제를 풀지 못한다고 낙담할 이유는 없다. 어떤 문제들은 창의성과 연관되는 수리 문제라기보다는 그저 풀기 힘든 문제이기 때문이다.

탠그램 (Tangram)

정사각형에서 분할된 7개의 조각들을 조합한다 해서 '칠교놀이'라고도 부른다. 탠그램은 도형, 동물, 기호, 사물 등 다양한 모양을 만들어 보게 하는 퍼즐이다. 여러 요소가 결합하여 하나의 형태를 이루는 것을 체험하는 과정에서 자연스럽게 패턴을 인식하게 되어 관찰력과 분석력, 추리력 등이 좋아진다. 또한 도형의 변화, 닮음, 대칭에 관한 수학적 개념을 쉽게 익힐 수도 있다.

2. 초등학교 수학 교과와 관련된 책

이 책에 나온 질문을 던졌는데 아이가 더 관심을 보인다면, 또는 부모 자신이 좀 더 공부해서 나만의 질문을 만들고 싶다면, 다음과 같은 책을 참고하면 된다.

마술 같은 수학: 퍼즐로 수학 283배 즐기기
브라이언 볼트 지음 / 조윤동 옮김 | 경문북스

교사 경험을 바탕으로, 아이들이 재미있어할 만한 퍼즐로 수학의 참맛을 느끼게 하고 있다. 아이에게 직접 읽게 하고 가끔 "각 장의 문제가 서로 어떻게 관련되니?", "어떻게 퍼즐들을 나눌 수 있니?"라고 물어

보아서 종합적 통찰력을 키우도록 하는 것이 좋다. 아니면 정말로 수백 개의 퍼즐을 매번 다른 식으로 정신없이 풀다가 끝날 수 있기 때문이다.

밥상에 오른 수학

이광연 지음 / 노희성 그림 | 상상스쿨

수식을 별로 쓰지 않고도 수학적 생각을 하는 법을 보여 준다는 것이 이 책의 가장 큰 장점이다. 생활 사례를 소재로 삼아 스스로 수학적 사고를 할 수 있도록, 책에서 본 내용 중 어떤 것이 최근 경험과 관련되는지 가끔 물어보자.

초등 수학 개념사전

석주식, 최순미, 심진경 글 / 강문봉, 라병소 감수 | 아울북

중학 수학으로 이어지는 수학 개념들이 소개되어 있는 것이 장점이다. 초등 수학이 큰 틀에서 어떻게 상위 교육과 이어지는지를 아이와 엄마 모두 이해할 수 있을 것이다. 각 개념 간의 관계를 아이가 이해할 수 있도록, 어떤 개념을 배울 때 "이것과 관계가 있는 것은 무엇이지?"라고 물어보자.

3. 다른 교과에 질문법 활용하기

본문에서는 사고력 계발과 관련된 관찰의 중요성을 강조하기 위해 주로 수학 교과를 예로 들어 설명했지만, 관찰이 중요한 역할을 하는 분야는 아주 많다. 그중에서 질문법을 활용할 수 있는 소재 및 다양한 생각거리를 제공하면서 실생활에서 관찰력을 키우는 것도 돕는 유익한 도서로는 다음과 같은 것이 있다.

청소년을 위한 환경 교과서: 기후 변화에서 미래 환경까지
클라우스 퇴퍼, 프리데리케 바우어 지음 / 박종대, 이수영 옮김 | 사계절

중고생용으로 나온 책인 것 같아 처음에는 저자 역시 초등학생 딸아이에 읽히기를 망설였다. 하지만 학교에서 과학과 사회 과목 등을 통해 환경문제를 배우는 데다, 실생활에서 직접 겪는 문제라서 책을 이해하는 데 무리가 없었다. 환경문제를 다각도로 관찰할 줄 아는 소양을 기르는 데 좋은 책이다. 마치 탐정이 하나의 단서로 여러 가능성을 생각하듯이 여러 관점들을 소개한 것이 이 책의 장점이다. 남다른 발견을 돕는 질문법에 소개된 모든 종류의 질문을 책을 읽으면서 차례로 해 보면, 아이의 다채로운 답을 듣는 재미를 얻게 될 것이다.

04

질문법으로
비판적 사고력과
문제해결력 키우기

"질문하는 것으로 가르칠 수 있을까?
나는 네 질문 뒤에 있는 것들을 이제야 알기 시작했다. 너는 내가 알고 있는
사물을 통해서 나를 이끌어 그 사물과 비슷한 것들을 만나게 하고,
결국 내가 알지 못했다고 생각한 것들이 무엇인지를 비로소 알게 해 주었다."

_소크라테스(고대 그리스 철학자)

내용 요약도 어려운데 비판적 사고라니!

초등학교 6학년인 성연이의 엄마는 신문 기사를 보고 깜짝 놀랐다. 교육과학기술부가 2011년부터 '독서 교육 지원 시스템'을 본격 가동하겠다는 내용이었다. '독서 교육 지원 시스템'은 온라인에서 독서 활동을 기록하고, 독후감 이력서를 올리고, 해당 도서에 관한 퀴즈 풀이도 할 수 있는 새로운 시스템이었다. 그런데, 그 시스템에서 활동한 기록을 학교생활기록부와 연계해 대학 입시 전형 자료로 쓰겠다는 것이 정부 계획의 핵심이었다.

성연이 엄마는 입시를 본격적으로 준비하기 전에 논술을 시킨다며 학원을 보내기는 하고, 여러 추천도서 목록을 받아 책을 사 주기는 했다. 하지만 정부의 발표를 보자 그동안 전혀 준비를 하지 않은 엄마처럼 당황스럽기는 마찬가지였다. 신문에서 소개한 온라인 사이트(reading.go.kr)에 들어갔다. 꼼꼼하게 독서를 하지 않으면 경쟁 자체가 안 될 것 같았다.

"뭐야, 봉사와 체험 활동도 모자라 독서 이력까지 쌓아 놔야 대학에 갈

엄마의 질문법

수 있는 세상이 되나 보네. 어디까지 '스펙 쌓기'를 해야 하는 거야?"

아줌마들과 걱정을 나누는 수다를 떨었다. 그러자 서울 강남 등의 일부 학원에서는 독서 이력을 관리하고 독후감을 대필해 주는 프로그램까지 있다는 소문도 들을 수 있었다. 금액을 알아보았지만, 한두 권도 아니고, 대학 입시 때까지 계속할 엄두가 나지 않았다. 그리고 그렇게 서류만 준비해서 확실히 대학에 합격할 수 있다면 모르겠지만, 면접과 다른 평가도 있을 터이니 그것도 아니었다. 답답한 마음에, 성연이 엄마는 직접 아이를 불러 그동안 독후감을 얼마나 써 놓았는지 확인했다. 아이는 학원에서 정리한 도서 요약 자료들을 내놓았다. 그런데 목록에는 서울대 추천도서와 교육청 추천도서라는 이유로 엄마가 보기에도 힘든 책도 들어 있었다.

"너, 이거 언제 읽었니?"

"수업 나갈 때 읽었지."

"수업 시간에 이 책을 읽었다고?"

"아니, 책 요약. 이거 읽고 선생님이 소개해 주는 다른 책 이야기도 듣고, 생각거리도 찾는 훈련을 했지."

"그럼, 이 프린트가 모두 그런 식으로 만든 거야?"

"응."

아이는 새삼스럽다는 반응이었다. 엄마가 자기만의 생각이 담긴 독후감을 올려야 한다는 말에 깜짝 놀랐다. 책도 읽지 않는데 어떻게 독후감에 자기 생각을 담아야 할지 막막했다. 지금까지는 겨우 책의 줄거리나 파악하고 그것을 이해하려 애썼을 뿐이다. 심지어 책에 대한 비판까지도 선생님 께서 알려 주신 내용대로 이해하려고 했지, 스스로 그 내용을 비판할 생각은 하지 못했다. 엄마는 독서 관련 프로그램을 뒤져서 평가가 좋은 곳에 성연이를 보냈다. 강사는 지금껏 독서 교육이 잘못되었다고 말했다.

"아이가 책을 읽었거나 책 내용을 안다는 사실만으로 칭찬하면 안 됩니다. 독서 후의 활동까지 다 했을 때 칭찬하셔야 해요."

성연이 엄마는 칭찬은커녕 책을 읽었는지 감시만 했던 자신을 속으로 반성했다. 강사는 책을 읽은 다음에 사고력을 촉진시키는 질문을 하면 된다고 했다. 예컨대, "성연이가 주인공이라면 기분이 어땠을까?"라는 식으로 말이다. 독서 프로그램에 다니기 시작하고 나서 처음에는 성연이도 만족했다. 하지만 만족도 향상은 독후감의 수준 향상으로 이어지지 않았다.

"비판하는 마음으로 독서를 해야 합니다."

강사의 말에는 동의했다. 하지만 그것을 어떻게 촉진시키느냐가 문제였다. 강사 자신도 한계를 보이는 문제가 아니던가. 성연이 엄마는 비판적 사고력을 키워 준다는 책을 샀지만, 퍼즐 풀이나 철학 논리만 가득하고 독후감 활동과는 거리가 멀어 보였다. 그래도 답답한 마음에 성연이에게 읽혔다. 성연이는 억지로 그 책을 읽고 다른 책들처럼 내용 요약 중심의 독후감을 썼다.

비판적 사고를 잘하려면?

비판적 사고력을 갖춘 아이라면 흔히 꼬치꼬치 따지기 좋아하는 아이의 모습을 떠올린다. 하지만 아이가 호기심에서 이것저것 질문을 많이 하거나 말꼬리를 붙잡고 늘어지는 것과 비판적 사고는 다르다. 비판적 사고력은 어떤 정보나 주장을 접했을 때 참인지 거짓인지를 판단해 가치를 정확하게 평가하는 것을 뜻한다.

만약 비판적 사고력이 없다면 어떻게 될까? 외부의 정보와 주장을 그냥 받아들여 다른 사람에게 조종을 받게 되기 쉽다. 또한, 그때그때 접하는 정보에 좌우되어 즉흥적으로 대응하고, 깊이 없는 판단으로 여러 문제를 일으킬 수밖에 없다. 비판적 사고는 분명히 문제의 지적과 관계가 있지만, 그것은 문제를 일으키기 위한 것이 아니라 문제를 해결하기 위한 것이다. 이런 맥락에서, 비판적 사고력과 문제해결력은 서로 통한다.

그러면 비판적 사고력을 잘 키우는 방법은 무엇일까? 그것은 바로 논리학이다. 논리학은 머릿속에 떠오르는 대로 생각하지 않고 일정한 형식에 따라 생각하는 법을 다루는 학문이다. 그래서 논리학을 공부하면 생각도 잘하고, 글이나 말도 설득력 있게 잘 구사할 수 있다. 논술 시험, 입학사정관 제도에서 중요한 자기 소개서와 면접 등에서도 논리학으로 훈련한 아이가 성공할 확률이 더 높다. 회사에서도 논리적인 사람을 선호하고, 사회 각 분야에서도 객관적으로 타당하게 생각할 줄 알고 자기 생각을 조리 있게 표현할 줄 아는 사람을 능력이 있다고 평가한다. 이처럼, 논리학이 좋다는 것은 누구나 알고 있다. 하지만 논리학이라면 왠지 복잡하고 어려운 말만 가득한 것이라고 여겨 배울 엄두를 못 내는 사람이 많다. 물론 논리학에 쓰이는 말이나 표현이 일상 용어나 말하는 방식과는 차이가 있지만, 논리학 자체가 일상생활과 떨어져 있는 것은 아니다.

논리는 학교에서나 배우는 것이고, 실생활에서 쓰는 사람은 러셀(Betrand Russell)이나 비트겐슈타인(Ludwig Wittgenstein)과 같은 철학자, 혹은 가우스와 같은 수학자나 아인슈타인과 같은 과학자들 정도라고 생각하는 사람이 많다. 정말로 논리는 특별한 사고방식일까? 아니다. 우리는 무엇을 먹을지, 어떤 방송 프로그램을 볼지, 언제 잠을 잘지, 약속 시간에 늦지 않으려 무엇을 타고 갈지, 무엇을 살지 등을 결정하는 순간마다 자기 나름대로 논리를 가지고 판단을 내린다. 물론, 우리가 생활에서 내리는 판단들이 다 논리적으로 타당한 것은 아니다. 처음에는 타당하다고 생각해서 자기 판단을 밀어붙였다가 나중에 그렇지 않은 것으로 밝혀져 후회할 때도 많다. 이처럼 우리의 삶은 논리와 밀접한 관련을 맺고 있으며, 논리에 바탕을 둔 비판적 사고를 잘할수록 더 유익한 결과를 얻을 확률이 커진다. 형식적인 논리학이 아니라 현실에서 활용할 수 있는 논리를 배우는 데 힘쓰다 보면, 생활에 유익한 비판적 사고력을 재미나게 키울 수 있다.

아래의 예제들을 풀어 보자. 그리고 둘의 공통점을 찾아보자.

〈예제 1〉 카드 선택 문제

다음 네 장의 카드는 한쪽 면이 모음이면 다른 면은 짝수라는 규칙을 따른다고 알려져 있다. 이 네 장의 카드가 실제로 모두 이런 규칙을 따르고 있는지 알아보려면 어떤 카드(몇 장의 카드)를 뒤집는 게 가장 효율적인 선택일까?

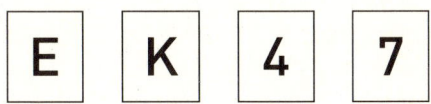

아이들 창의성 계발 책이나 아이큐 퍼즐에 나오는 문제처럼 보인다. 사실은, 〈예제 1〉은 심리학자들이 인간 시고의 특징을 밝혀내기 위한 실험에서 많이 활용한 '웨이슨 선택 문제(Wason selection problem)'이다. 문제의 답을 찾아보자. 어떤 카드를 선택하면 규칙이 맞는지 알 수 있을까? 물론, 모든 카드를 다 뒤집으면 규칙을 검증할 수 있다. 그러나 가장 적은 수의 카드를 뒤집어 규칙을 검증할 방법을 찾으라는 게 문제의 조건임을 잊지 말자.

다음의 〈예제 2〉로 넘어가기 전에, 부모님께서 꼭 스스로 풀어 보시기 바란다. 나중에 아이에게 직접 문제를 풀게 할 때에도 자기 힘으로 답을 궁리하면서 생각을 논리적으로 할 때와 그러지 않을 때의 차이를 직접 느낄 수 있도록 유도하는 것이 좋겠다.

〈예제 2〉 음주법 문제

미국의 어떤 주에는 맥주를 마시려면 19세가 넘어야 한다는 법이 있다. 여러분이 이 법규가 제대로 지켜지고 있는지 확인해야 하는 경찰이라면 다음과 같은 상황에서 어떻게 할지 생각해 보자.

신고를 받고 술집에 갔더니 네 사람이 테이블에 둘러앉아 있다. 제보를 한 사람이 슬쩍 다가와, 테이블에 앉은 사람을 한 명씩 손가락으로 가리키며 이렇게 귀띔했다.

"맨 앞에 등을 보이고 앉아 있는 사람부터 오른쪽으로 돌아가며 차례로 말할게요. 저 사람은 맥주를, 그 옆 사람은 콜라를 마시고 있습니다. 그다음 사람은 열여덟 살입니다. 마지막 사람은 스물다섯 살입니다."

이제 여러분은 음주법 위반 여부를 판단하는 데 필요한 정보를 더 얻기 위해 제보자가 말한 사람들을 검문해야 한다. 어떤 사람을 선택해서 알아보는 게 가장 효율적일까?

여러분이 경찰이라면 어떤 사람을 선택하겠는가? 물론, 모든 사람을 다 검문하면 음주법 위반 여부를 확실히 검증할 수 있다. 그러나 아무 죄 없이 검문을 받게 된 사람들의 입장에서 생각해 보자. 다짜고짜 검문을 하면 불만이 커질 것이며, 실랑이를 벌이다가 불상사라도 생기면 그에 상응하는 대가를 경찰인 당신이 치르게 될 것이다. 가장 적은 노력을 들이고 불상사도 피하면서 음주법 위반을 단속할 수 있는 방법을 찾아야 한다.

여러분은 이미 눈치챘을 것이다. 사례를 바탕으로 규칙을 검증하는 '웨이슨 선택 문제'와 '음주법 문제'는 논리적으로 똑같은 구조를 띠고 있다. 그렇다면 답은 무엇일까? 음주법 문제의 답을 먼저 찾아보자. 성인이 맥주를 마시는 것은 음주법에 걸리지 않는다. 그러나 19세가 넘지 않는 사람이 맥주를 마시는 것은 규칙 위반이다. 그러므로, '맥주 마시는 사람'을 택해 그 사람이 19세 이상인지 아닌지를 살피고, '열여덟 살인 사람'을 택해 그가 술을 마시고 있는지 아닌지를 살피면 된다. 이렇게 규칙에 맞는 사례를 확인하고 규칙에 어긋날 수 있는 반증 사례를 찾아 규칙을 검증하면 되니, 어렵지 않은 문제로 보인다.

웨이슨 선택 문제는 음주법 문제보다 복잡해 보인다. 앞에서도 말했듯이 똑같은 문제 구조를 가지고 있지만, 겉모습이 다르기 때문이다. 그래도 문제의 핵심 구조를 꿰뚫어보기만 한다면, 웨이슨 문제도 규칙을 지지하는 사례와 반대되는 사례를 확인하게 해 줄 카드를 뒤집으면 된다는 것을 쉽게 알 수 있다. 즉, 카드 'E'와 '7'을 뒤집으면 규칙을 효율적으로 검증할 수 있다.

앞의 두 문제를 효과적으로 해결하는 방법은 똑같은 논리 법칙에서 나왔다. 규칙과 반대되는 사례를 찾아서 규칙이 올바른지 아닌지를 살피는 '반증법'이 그것이다. '웨이슨 선택 문제'나 '음주법 문제' 모두, 반증 사례를 찾는 것이 관건인 문제이다. 그러나 사람들은 '음주법 문제'를 더 빨리, 더 잘 푼다. 왜 이런 결과가 나오는 것일까? 두 문제가 수학 문제라면 같은 공식을 적용할 수 있는 똑같은 유형의 문제다. 하지만 문제가 제시되는 맥락이 다르다. '웨이슨 선택 문제'는 논리 책에 나올 법한 추론 문제로 보인다. 하지만 '음주법 문제'는 실생활에서 겪을 만한 문제로 보인다. 이렇듯 문제가 제시되는 맥락이 다르다 보니 머릿속에서 활성화되는 지식이 다르고,

그것이 생각에 차이를 낳아서 결국 답을 내놓는 양상도 달라지게 한다.

심리학자들이 밝혀낸 바에 따르면, 사람들은 사회적 맥락으로 문제를 내면 정답을 더 잘 맞힌다. 미국 캘리포니아주립대의 레다 코스마이즈(Leda Cosmise)와 존 투비(John Tooby) 교수는 앞에서 제시한 '음주법 문제'와 비슷한 형태로 '웨이슨 선택 문제'를 변형해 실험했다. 그 결과, 사회적 맥락으로 상황을 바꾸어 제시했을 때 사람들이 답을 더 잘 맞힌다는 사실을 확인했다.

논리학 공부가 힘든 것은 그것을 생활 요소와 결합시키지 못하기 때문이다. 질문법을 통해 논리학의 핵심을 생활 요소와 연결시킨다면, 아이는 비판적 사고력과 문제해결력을 효율적으로 키울 수 있게 될 것이다. 결국, 질문법으로 논리를 실생활 문제에 활용할 수 있게 만드는 것이 관건이다.

자기 점검 포인트

아이가 공부한 것을 실생활 문제에 활용하도록 자주 물어보는가?	
참고서의 연습 문제를 풀기 전에 예제를 떠올리라고 하는 것처럼, 생활 속에서도 어떤 문제를 다른 문제와 비교해 보게 해서 아이가 그 문제의 구조를 한 번 더 생각하도록 했는가?	
아이가 나의 생각을 비판할 때 기분 나쁘다는 투의 정서적 반응을 보이지 않고, 함께 이성적으로 토론하기를 좋아하는가?	

엄마를 위한 기초 논리학

아이의 비판적 사고력을 촉발하는 질문을 하려면, 엄마가 논리학의 기본 개념을 알아 두는 것이 좋다. 아이도 그럴 수 있다면 효과는 더 커질 것이다. 앞에서 말했듯이, 논리학은 생각과 표현을 잘하는 비법을 담고 있는 학문이기 때문이나.

논리학을 한마디로 정의하자면 '생각과 말의 법칙을 다루는 학문'이라 할 수 있다. 논리학의 기초는 명제(proposition)이다. 명제는 마침표로 끝나는 하나의 문장이다. 그러나 마침표로 끝난다고 해서 모든 문장이 명제가 될 수 있는 것은 아니다. '새는 날 수 있다.'와 같이 참과 거짓을 가릴 수 있는 내용으로 구성되어야 한다. '내 사랑은 파란색이다.'와 같은 문장은, 마침표로 끝나는 시의 한 구절은 될 수 있어도, 참과 거짓을 말할 수 없는 애매한 문장이기 때문에 명제가 아니다. 즉, 명제는 참과 거짓을 명확하게 판단할 수 있는 가장 작은 단위이다.

아이가 명제를 얼마나 잘 이해하고 있는지 확인하려면 다음과 같은 질문을 해 보자.

<문제> 다음 중 명제인 것은?

① 삼각형의 꼭짓점은 네 개이다.

② 창문을 닫아라.

③ 우리의 아이들은 아름답다.

④ 사람은 영원히 살 수 있을까?

<문제>의 답은 ①번이다. ①번 문장은 명제이다. 단, 그 값이 거짓일 뿐이다. '삼각형의 꼭짓점은 세 개이다.'라고 했으면 참인 명제가 될 것이다. 명제는 참과 거짓을 논할 수 있는 문장을 뜻하며, 거짓이라고 해서 명제가 아닌 것은 아니다. ②번 문장은 명령문이다. 즉, '무엇은 무엇이다'라는 식의 참과 거짓을 논할 수 있는 선언이 아니므로 명제가 될 수 없다. ③번 문장은 참과 거짓을 객관적으로 논할 수 없는 내용으로 되어 있다. '우리'는 읽는 사람에 따라 달라지는 대명사이다. 즉, 노인이 읽으면 노인이, 아이가 읽으면 아이가 되는 말이다. 따라서, 객관적으로 값을 고정시킬 수 없는 단어여서 애매하다. 거기에 '아름답다'라는 말도 주관적인 판단이 필요한 애매한 개념어이기 때문에 객관적인 명제라고 볼 수 없다. ④번 문장은 의문문의 형태로 되어 있다. 명령문과 마찬가지로 의문문도 선언적 문장이 아니므로 명제가 될 수 없다. 만약 '사람은 영원히 산다.'라고 표현되었다면 값이 거짓이어도 명제는 될 수 있었을 것이다. 명령문, 의문문 이외에 '~하자'고 권하

는 내용의 청유문도 명제가 될 수 없다.

　논리학의 기본이 명제이기는 하지만, 비판적 사고는 단순한 명제 자체보다는 논증(argument)에 대한 판단으로 이루어진다. 논증은 명제가 모인 것이다. 하지만 명제들이 모인다고 곧 논증이 되는 것은 아니다. 논증은 명제들이 전제와 결론으로 나뉘어 구성되어 있는 것이다. 예를 들면, 다음과 같은 것이 논증이다.

　"모든 사람은 착하다. 갑돌이는 사람이다. 그러므로 갑돌이는 착하다."

　여기에서 '모든 사람은 착하다.'와 '갑돌이는 사람이다.'는 '갑돌이는 착하다.'라는 결론을 내리기 위한 근거, 즉 전제이다. 이렇듯 전제는 하나 이상의 명제로 이루어질 수 있다. 또한, 결론은 주장을 나타내는 문장이며, 그 앞에는 조건문이 오거나 접속사가 붙는다. 논증을 식으로 나타내면, '논증 = 근서 + 주장' 혹은 '논증 = 전세 + 결론'이 된다.

　이때 주의할 점이 있다. 전제는 결론을 받아들일 만한 근거(이유)로 제시된 주장이다. 결론도 논증을 펴는 사람이 결국 주장하고자 하는 바이다. 그러므로 전제와 결론은 모두 주장이어야 한다. 만약 중간에 의문문이나 감탄문, 명령문이 들어 있으면 논증이 아니다.

　논증은 타당한 논증과 타당하지 않은 논증으로 나누어진다. 타당한 논증은 전제가 참일 때 결론도 반드시 참인 논증이다. 타당하지 않은 논증은 전제가 참이 아니거나 결론과 필연적 관계가 없으면서도 결론이 옳다고 우기는 논증이다. 논증의 대표적인 사례인 삼단논법을 통해 타당한 논증의 특징을 살펴보면 다음과 같다.

> 모든 사람은 죽는다. (대전제)
> 소크라테스는 사람이다. (소전제)
> 그러므로, 소크라테스는 죽는다. (결론)

대전제와 소전제 사이에 포함관계가 명확하며, 전제가 참이다. 그리고 결론과의 관계도 필연적이어서 타당한 논증이라고 할 수 있다. 한편, 타당하지 않은 논증의 예는 다음과 같다.

> 모든 사람은 아름답다. (대전제)
> 소크라테스는 착하다. (소전제)
> 그러므로, 소크라테스는 죽는다. (결론)

이 논증에서는 전제들 사이에 연결 고리가 없으며, 전제와 결론 사이에도 필연적 관계가 없다. 그야말로 앞뒤가 맞지 않는 주장, 즉 타당하지 않은 논증이다.

그렇다면 왜 타당한 논증을 해야 할까? 논리학은 결국 타당한 논증을 구별해서 올바른 선택을 하고, 타당한 논증을 해서 다른 사람을 설득하기 위한 '말을 다루는 학문'이기 때문이다.

논증을 근거와 주장으로 나누는 것은 그리 어렵지 않을 수 있다. 삼단논법의 예에서 보았듯이, 결론 앞에는 '그러므로', '따라서', '~때문에', '~라면'

등의 말이 쓰이기 때문이다.

아이가 여기까지 내용을 이해했다면 다음과 같은 질문을 해 보자.

〈예제〉 다음 논증의 결론이 참인지 거짓인지 판단해 보세요.
모든 사람은 착하다.
히틀러는 사람이다.
그러므로, 히틀러는 착하다.

아이가 〈예제〉의 결론이 거짓이라고 한다면, 논증에 대한 앞의 설명을 잘 이해하지 못한 것이다. 그러므로 이 책의 설명을 다시 읽히거나 인터넷 자료 등을 통해 더 공부하도록 안내를 한 후에 다음 단계로 나아가는 것이 좋다. 그 전에 이 문제의 답을 설명해 준다면 더 깊이 있게 이해할 수 있을 것이다.

히틀러에 대한 결론은 참이나, 이해가 되지 않는다면, 히틀러에 대한 논증과 아래의 소크라테스에 대한 논증을 비교해 보자.

모든 사람은 죽는다.
소크라테스는 사람이다.
그러므로, 소크라테스는 죽는다.

'죽는다'라는 말 대신에 '착하다'라는 단어가, '소크라테스'라는 이름 대신에 '히틀러'라는 이름이 들어갔을 뿐, 논리를 펼치는 방법은 똑같다. 즉, 대전제-소전제-결론으로 이루어진 삼단논법인 것은 동일하다. 그런데도 소크라테스의 경우에는 결론이 참이며 타당한 논증이라고 생각하고, 히틀러의 경우에는 전제를 살펴볼 것도 없이 결론 자체가 틀리니 거짓이며 타당하지 않은 논증이라고 생각하기 쉽다. 그러나 히틀러에 대한 논증의 결론은 참이다. 왜냐하면 전제에서 말하는 '모든 사람'에 히틀러도 포함되기 때문이다. 그러니, 문제를 삼으려면 결론이 아니라 전제부터 비판적으로 검토해야 한다.

'모든 사람은 착하다.'라는 전제부터 참인지 아닌지를 검토해야 타당한 논증이 될 수 있다. 전제가 참이 아니면, 그것을 바탕으로 내린 결론도 참이 될 수 없다. 그런데 히틀러의 예시는 대전제에서 '모든 사람은 착하다.'라고 선언하고 시작했으므로 논리 전개 과정 자체에는 문제가 없다. 그 결과, '히틀러는 착하다.'라는 결론도 참이 되고 만다. 엄마가 질문을 하는 것도 결론 자체를 뒤집으려는 것이라기보다는 그러한 결론을 밑받침하는 전제를 비판적으로 검토하도록 촉진하기 위한 것임을 명심해야 한다. 결론이 그럴듯하다고 받아들이거나 마음에 들지 않는다고 거부하는 것은 모두 비판적 사고가 아니다.

올바른 판단을 내릴 줄 아는 사람과 그렇지 않은 사람은 경쟁력이 다를 수밖에 없다. 논리적 사고를 촉진하는 질문들로 아이의 경쟁력을 키워주자.

신문을 보면서 비판적 사고력을 키운다

비판적으로 사고하려면 단어 사용에 주의해야 한다. 사람들은 미묘한 단어를 써서 자기 주장을 슬쩍 숨길 때가 많다. 왜곡어(slanter)를 사용하는 것도 그중 하나이다.

"대통령은 올해 청년 실업자 수를 전년과 대비해 겨우 20%대로 낮추겠다고 말했다."

20%라면 객관적으로 나쁘지 않은 수치일 수 있다. 하지만 앞에 '겨우'라는 말이 붙으면 보잘것없다는 느낌을 준다. 똑같은 수치 앞에 '확실히 차이 나는'이라는 말을 붙였다면 과장하게 되었을 것이다. 비판적 사고를 할 때에는 이런 말에 현혹되지 말고, 그 뒤에 가려진 진실을 파악하려고 노력해야 한다. '겨우', '오직', '~밖에', '~씩이나', '엄청나게', '놀랍게도' 같은

단어가 나올 때에는 그것을 가리고 수치만 보는 것이 객관적 판단에 더 도움이 된다.

비판적 사고에서는 숫자에도 주의해야 한다. 숫자를 사용하면 겉보기에는 정확해 보인다. 하지만 숫자를 쓴다고 문제 있는 주장이 나아지는 것은 아니다. 예를 들어 보자. 어떤 배우가 "이번 주 저희 영화 예매율이 50%나 올랐습니다"라고 말을 했다. 정말로 비약적 발전을 한 것처럼 보인다. 그렇지만 비교 대상이 없기 때문에 제대로 판단할 수가 없다. 지난주의 예매자가 100명이었다면 150명이 예매한 셈이다. 이것을 비약적 발전이라고 할 수 있을까? 이렇듯, 명백한 숫자로 된 퍼센트도 진실을 호도할 수 있다.

신문에 실업률이 10% 증가했다는 기사가 실렸다고 하자. 이것은 실제의 실업률이 10%라는 의미가 아니다. 원래의 실업률이 5%였다면 지금은 5.5%라는 의미이다. 아이도 이런 점을 비판적으로 생각해 보도록 유도해야 한다. 신문에 "○○시에서는 폭력이 급속도로 확산되고 있다. 올해 들어 폭력 사건이 작년보다 30% 증가했다"는 기사가 났다고 하자. 언뜻 보면 문제가 심각한 듯하다. 하지만 도시가 빠르게 성장하고 관광 사업이 잘되어 외지인들이 많이 방문해서 같은 기간에 도시의 수용 인구가 300%로 늘었는데 폭력 사건이 30% 정도 증가한 것이라면, 상황이 그렇게 나쁘다고 보기 어렵다. 좀 더 좋은 기사가 되려면 인구 10만 명당 폭력 사건의 수와 같은 객관적 비교 기준을 제시해야 한다. 수치가 나온 기사를 읽을 때에는 아이에게 "기사에서 이용한 비교 기준이 무얼까? 다른 기준점은 없을까?"와 같은 질문을 던져 비판적 사고를 촉진시키는 것이 좋다.

아이들이 신문에서 왜곡어와 왜곡된 수치 표현을 찾도록 다음과 같은 질문을 하자.

　　"신문의 사회면 기사에서 객관적이지 않은 말이 쓰인 예를 찾아볼래?"
　　"얕보는 말, 즉 과소평가하는 단어가 많이 쓰인 기사를 찾아볼까?"
　　"과대평가를 하거나 과장된 내용이 포함된 기사를 찾아볼까?"
　　"숫자가 강조된 기사를 찾아볼까? 그리고 그 수치가 어떤 의미를 가지는
지 다시 생각해 볼래?"

　이러한 질문을 받으면, 그동안 정보를 수동적으로 받아들였던 아이도
눈을 반짝거리며 말한 사람의 의도를 곰곰이 따져 보게 될 것이다.
　기사에 제시된 내용 이외의 여러 가능성을 생각하게 하는 것도 비판적
사고력을 키우는 데 도움이 된다.
　예를 들어, 다음과 같은 주장을 담고 있는 인물 관련 기사가 있다고 해
보자.

　　"모든 훌륭한 선생님들은 시험문제를 공정하게 낸다. ○○학교의 김규식
　　선생님은 시험문제를 공정하게 낸다. 그러므로 김규식 선생님은 훌륭한 선
　　생님이다."

　언뜻 보면 이 주장은 타당해 보인다. 하지만, 사실은 그렇지 않다. 훌륭
한 선생님들은 시험문제를 공정하게 낼 수 있다. 그리고 김규식 선생님도
시험문제를 공정하게 낼 수 있다. 그렇지만 김규식 선생님은 훌륭한 선생님

이 아닐 수 있다. 왜냐하면 훌륭한 선생님이 아니더라도 교사용 지도서나 다양한 문제집 등을 이용해 시험문제는 공정하게 낼 수가 있기 때문이다. 이렇게 비판적으로 상황을 볼 수 있도록, 아이에게 다음과 같은 질문을 해보자.

"이 기사에서 말한 것 이외에 다른 원인으로는 무엇이 있을까?"

"이 기사에서 주장하는 원리가 다른 곳이나 다른 사람, 다른 집단에도 적용될 수 있을까?"

"이 기사와 반대되는 사례로는 무엇이 있을까?"

"네가 만약 이 기사를 쓰게 된 기자라면 어떻게 바꾸어 쓸 수 있겠니?"

사실과 추측(의견)을 구별하는 것도 비판적 사고에서 중요하다. 예를 들어, 다음과 같은 기사가 있다고 하자.

"경찰청에서는 지난 6개월간 문제의 횡단보도에서 모두 25차례 교통사고가 발생했다고 발표했다. 하지만, 기록되지 않은 더 많은 사고들이 있었을지도 모른다."

이 기사에서는 경찰이 집계해서 발표한 사실을 추측으로 부정하고 있다. 그런데 그렇게 추측하는 근거를 밝히고 있지 않다. 그런데도 더 많은 사고가 횡단보도에서 있었을 것이라고 믿는다면, 아무 비판 없이 기자의 의도를 받아들이는 꼴이 된다. 그러므로, '~일지 모른다'나 '~일 수 있다' 등의

엄마의 질문법

모호한 표현을 사용하는 추측성 보도에 대해서는 다음과 같은 질문으로 민감하게 반응하는 훈련을 시키는 것이 비판적 사고력 계발에 좋다.

"이 기사에서 확실히 객관적인 사실은 무엇이니?"
"기자가 추측으로 말한 것은 무엇이니?"
"기자가 내린 결론을 뒷받침할 수 있는 근거가 무엇이니?"

다음은 신문 기사에 일반적으로 적용할 수 있는, 비판적 사고력 계발을 위한 질문 리스트이다. 순서대로 적용하면 도움이 될 것이다.

1. 지금 읽은 글이 전제와 결론으로 이루어진 논증으로 되어 있는가?
2. 논증이라면 주장하고자 하는 바는 무엇인가?
3. 논증으로 재구성한 기사 내용이 주장이 되기에는 너무 모호하지 않은가?
4. 기사의 주장에 사실을 왜곡하는 단어들이 들어 있지는 않은가?
5. 왜곡어가 쓰였다면, 그것을 중립적인 표현으로 바꾸어 읽으면 주장이 어떻게 달라 보이는가?
6. 첫 전제에서 최종 결론에 이르기까지, 각 주장이 단계적으로 잘 전개되어 있는가?
7. 기사의 핵심 주장과 명백하게 반대되는 의견이나 사례를 고려하고 있는가?
8. 반대 의견이나 사례의 문제점에 대해서도 비판적으로 이야기하고 있

는가?

9. 글을 읽으면서 기사 내용 이외에 떠오르는 생각들은 무엇인가?

10. 기사 내용 중에 타당하지 않다고 생각되는 부분은 어디인가? 만일
    고쳐 쓴다면, 어떻게 하는 것이 좋은가?

자기 점검 포인트

아이가 신문이나 뉴스를 보도록 장려하고 있는가?	
뉴스에 나온 내용에 대해 아이와 5분 이상 깊이 있게 이야기를 나눔으로써 공동의 결론을 이끌어 내고 있는가?	
사실과 의견을 구분하라는 질문을 받았을 때에 아이의 반응은 어떨까? 그에 대해 어떻게 대응하는 것이 좋을까?	

숨은 전제와 다른 가능성을 생각하라

비판적 사고력은 문제 분석을 체계적으로 하면서 각 단계에서 찾은 전제 조건을 바탕으로 다양한 방법으로 문제를 해결하게 해 준다는 점에서 창의성과도 연결이 된다. 다음 문제를 통해, 비판적 사고력의 이러한 특성을 아이와 함께 확인해 보자.

〈예제〉 90마리의 양을 몰고 강을 건너려는 상인이 있었다. 그 상인은 뱃사공에게 강을 건네 달라고 부탁했다. 그러자 뱃사공은 자신이 건네주는 양의 절반을 뱃삯으로 달라고 했다. 그래서 상인은 가장 손해를 덜 보는 만큼의 양을 주고 무사히 강을 건넜다. 자, 절반을 요구한 뱃사공에게 상인은 몇 마리를 주었을까?

머릿속에 처음 떠오르는 답은 아마 45마리일 것이다. 그런데 비판적 사고력을 발휘하면 이런 뻔한 답과는 다른 답을 낼 수 있을 듯하다. 다음과 같은 질문으로, 아이가 다양한 가능성을 고려하도록 해 보자.

"네가 상인이라면 어떤 답을 내놓았을까?"

상인은 이익을 최대화하려는 사람이다. 상인의 입장에서 문제를 꼼꼼히 뜯어보면 다른 식으로 문제를 해결할 가능성이 보인다. 상인과 뱃사공의 약속에는 뱃삯을 꼭 강을 건넌 다음에 주어야 한다는 조건이 없다. 즉, 상인은 삯을 선불로 줄 수도 있다. 사공이 배로 건네주는 양의 절반을 떼어 달라고 했으니, 건너기 전에 미리 (서류상으로) 몇 마리를 주면 그 숫자는 계산에 넣지 않아도 된다. 즉, 선불로 60마리의 절반인 30마리를 주고 90마리 중 남은 60마리를 배로 건네면, 배에 싣는 양의 반을 달라는 사공의 조건에도 맞고, 주어진 제한 조건 내에서 최대 이익도 얻을 수 있다. 상인으로서는 이 답이 좋은 결론이 될 수 있다. 그런데 다른 가능성은 없는 것일까? 질문을 다음과 같이 바꾸면 어떻게 될까?

"네가 뱃사공이라면 어떤 답에 만족할까?"

뱃사공뿐 아니라 대부분의 사람들은 후불로 물건을 사고파는 데 익숙하다. 그러니, 뱃사공은 후불을 전제로 '절반'을 요구한 것일 확률이 크다. 그런데 상인이 30마리를 준다고 하면 사공은 뒤통수를 맞은 듯한 기분이 들 것이다. 만약 상인이 30마리만 준다면, 뱃사공은 배신감 때문에 다시는 상인과 거래하지 않을 수도 있다. 어쩌면, 다음번에는 그 상인에게만 유독 비싸게 삯을 매길지도 모른다. 아니면, 다른 사공들과 짜고 아예 그 상인의 짐은 강 건너로 옮기지 말자고 할 수도 있다. 결국, 비판적 사고를 바탕으로 장기적인 관점에서 보면, 30마리라는 답은 사공이나 상인 모두에게 좋지 않은 해결책인 셈이다.

지금까지의 문제해결 과정을 논리학의 형식에 맞추어 정리하면 다음과 같다.

사공은 자신이 건네주는 양의 절반을 뱃삯으로 요구했다. (제1 전제)
사공은 후불을 생각했다. (제2 전제)
상인은 자신에게 최대한 이익이 되는 결론을 내린다. (제3 전제)

전제를 어떻게 구성하느냐에 따라 답인 결론이 달라진다. 아이가 결론에 도달하기 위해 자기 나름대로 전제, 즉 근거를 만들어 내도록 질문을 하는 것이 관건이다. 예를 들어, 제3 전제처럼 특정인에 관한 것이라면 다른 사람의 입장에서 생각하게 하고, 특정 사건에 관한 것이면 다른 사건에도 적용할 수 있는지를 묻는 것이 좋다. 그러면 앞의 예에서 보았듯이 다른 가능성도 고려해서 좀 더 종합적이고 현실적인 답을 찾아 갈 수 있다. 즉, "네가 뱃사공이라면 어떤 답에 만족할까?"라는 질문을 통해 아이는 다음과 같은 전제를 추가할 수 있다.

뱃사공은 자신에게 최대한 이익이 되는 결론을 내린다. (제4 전제)

그리고 현실에서 접한 여러 상인들의 이야기와 생활 속의 사례, 우화 등의 다양한 내용을 바탕으로 생각하게 하는 질문을 받는다면, 다음과 같은 생각을 할 수도 있다.

상인은 꼭 1회성의 이익뿐 아니라 장기적인 이익도 추구하는 사람이다.
(제5 전제)

나아가, 상인과 뱃사공의 관계를 넘어서 더 일반적인 관계, 즉 다른 사건에도 적용할 수 있는 전제를 찾을 수 있다.

상대방을 배려하면 좋은 관계를 만들어 장기적인 이익을 추구할 수 있다.
(제6 전제)

제3 전제 이후에 다른 가능성을 찾도록 하는 질문을 아이에게 계속 하면, 제6 전제와 같은 생각까지 아이가 할 수 있다. 그다음에 아이가 고민을 해서 내놓는 답은 이미 많은 단계를 거친 답이므로 존중을 해 주면서, 스스로 문제점을 따져 보거나 일상생활의 다른 예와 연결될 만한 점은 없는지 생각해 보게 하는 것이 좋다. '웨이슨 선택 문제'와 '음주법 문제'의 예에서 살펴봤던 것처럼, 일상생활과 연결시킬수록 비판적 사고력의 힘은 강해진다.

"사람들이 거래를 할 때 실제로 하는 일로는 무엇이 있지?"

이런 질문을 받으면, 아이는 거래를 할 때 보험을 드는 경우가 많다는 사실을 생각해 낼지도 모른다. 그래서 강을 건너다가 사고를 당해서 서로 손해를 입는 상황에 대비해 아예 양 몇 마리를 보험금으로 치르는 것을 답으로 내놓을 수도 있다. 즉, 2마리 정도를 보험금으로 치되 사공과 뱃사공이 각각 1마리씩 부담하기로 해서 44마리를 뱃삯으로 내는 데 쌍방이 합의할 수도 있다.

지금까지 살펴본, 질문을 통해 숨어 있는 전제를 찾는 문제해결 전략은 아이의 학교 공부에도 응용할 수 있다. 초등학교 6학년 1학기 '우리나라의 역사' 과목에서는 고려가 북방 민족의 침략에 맞서 승리한 내용을 배운다. 그런데 아이의 생각을 촉진시킨다며 "고려가 북방 민족의 침략에 맞서 승리한 까닭은 무엇일까?"라고 묻는다면, 비판적 사고력을 촉진시키는 질문이라기보다는 수업 시간에 배운 지식을 확인하는 것에 더 가깝다. 앞에서 양을 파는 상인 문제를 풀 때 다양한 입장에서 여러 가능성을 찾는 질문을 했던 것을 응용해 보자. 즉, 다음과 같이 여러 관계자들의 입장에서 관점을 바꾸어 가면서 비판적으로 상황을 생각해 보도록 하는 것이다.

"고려 장군의 입장에서 전쟁의 의미를 생각해 보면 어떨까?"
"거란, 여진, 몽골 등의 장군과 병사의 입장에서 전쟁의 의미를 생각해 보면 어떨까?"
"고려 병사의 입장에서 전쟁의 의미를 생각해 보면 어떨까?"
"고려 백성들 입장에서 전쟁의 의미를 생각해 보면 어떨까?"

자주 문제가 되는 일본의 역사 왜곡에 대해서도 이러한 비판적 사고력 촉진 질문은 효과적이다.

"일본의 과거사 왜곡은 현대를 살아가는 우리에게 어떤 영향을 미칠까?"
"왜곡된 역사 교육을 받는 것은 일본인에게 어떤 영향을 미칠까?"
"일본의 역사 왜곡은 중국이나 다른 아시아 국가들에 어떤 영향을 미칠까?"

이러한 질문을 받은 아이는 과거사 왜곡이 비단 과거의 문제일 뿐 아니라 미래 지향적인 국가 관계의 수립에도 좋지 않은 영향을 준다는 것을 어렴풋하게나마 인식하게 될 것이다.

과거에 대해서는 현재와 미래를 생각하게 하는 질문을, 특정인에 관한 내용에 대해서는 다른 사람의 입장에서 생각해 보라는 질문을 던지는 것이 비판적 사고력 향상을 위한 질문 전략의 핵심이다. 다양한 가능성을 생각해 보게 함으로써 주어진 조건을 재검토하게 하는 것이다. 질문이 잘 떠오르지 않으면 '다른 사건', '다른 사람', '다른 조건' 등의 표현을 사용해서 다른 관점에서 비판적으로 생각하게 하는 질문을 하는 것만으로도 아이의 생각은 촉진된다.

좀 더 적극적으로 질문을 하고 싶다면 국어사전을 활용해 보자. 즉, 어떤 단어가 나오면 그것의 반대말과 유사어를 찾아서 질문의 내용을 구성하는 것이다. 예를 들어, '환경 파괴'에 관한 글을 아이가 읽었다면, '파괴'의 반대말인 '보호'를 활용해서 "환경보호를 주장하는 사람은 이 문제를 어떻게 볼까?"라고 질문하면 된다. 장소가 나오면 일부러 시간을 물어보고 색이 나오면 소리를 물어보는 것과 같은 기분으로, 다른 것을 계속 고려할 수 있도록 다양한 질문을 던지는 것이 중요하다. 그리고 이러한 질문 전략과 함께 소크라테스 문답법의 질문 형식을 적절히 가져다 활용한다면, 더욱 효과적으로 비판적 사고력을 기를 수 있을 것이다. 소크라테스 문답법은 플라톤과 같은 위대한 철학자를 낳은 논리법이니 말이다.

천재를 만드는 '소크라테스 문답법'

최근처럼 이른바 '미드' 열풍이 불기 훨씬 전, 킹스필드 교수와 하트 학생의 이야기로 큰 재미와 감동을 주었던 드라마 〈하버드대의 공부 벌레들〉이 있었다. 드라마에 나오는 강의 장면은 교수와 학생 간의 끊임없는 문답으로 채워져 있다. 이것은 극의 갈등을 위해 일부러 연출한 상황이 아니다. 미국 로스쿨의 경우, 가장 기본적인 교육법이 실제로 '소크라테스 문답법(Socratic method)'이다. 제한된 시간 안에 다양한 지식과 비판적 관점을 형성하도록 하는 가장 효과적인 교육법이 바로, 강의가 아니라, 질문법이기 때문이다.

소크라테스 문답법의 기원은 지금으로부터 2천4백 년 전인 고대 그리스로 거슬러 올라간다. 소크라테스는 상대방에게 끊임없이 질문을 했다. 질문을 통해 특정한 답을 깨닫게 한 것도 아니다. 소크라테스의 문답은 항상

"우리는 아직도 그것을 모른다"고 질문자나 응답자가 털어놓는 것으로 끝났다고 한다. 문답법을 통해 무지함을 고백한 사람들 중에는 소크라테스에게 분노한 사람도 있었지만, 플라톤처럼 지혜를 사랑하는 마음을 다시 확인해서 더욱 열심히 공부한 사람도 있었다. 소크라테스는 '무지의 고백'이야말로 지식을 사랑하는 바른 마음가짐이라고 믿었다.

그래서 소크라테스는 자기가 아는 것도 짐짓 모르는 척 상대방에게 계속 질문을 해서, 결국 상대방으로 하여금 평소에 하지 못하던 새로운 생각을 하게 했다고 한다. 이런 질문 활동이 아이 낳는 것을 돕는 산파의 역할과 비슷하다고 여긴 그는 자신의 질문법을 산파술이라고 부르기도 했다.(소크라테스 어머니의 직업이 산파였다.)

소크라테스는 자기에게는 산모처럼 새로운 지혜를 낳을 수 있는 능력은 없지만, 산파가 산모를 돕듯 질문을 통해 다른 사람들이 지혜를 낳는 것은 도울 수 있다고 주장함으로써 일찍이 질문의 힘을 강조했다. 엄마가 아이에게 질문을 통해 할 수 있는 역할도 마찬가지이다. 새로운 생각을 아이에게 심어 주거나 아이 대신 낳는 것이 아니라, 아이가 스스로 자기 생각을 낳도록 돕는 것이 부모의 역할이다.

소크라테스식 질문의 실제

1. 아이의 생각을 명확하게 하기 위한 질문
   "왜 그렇다고 생각하니?"

"방금 말한 것이 우리가 토론하는 것과 어떤 관계가 있니?"
"네 생각의 핵심이 무엇이니?"
"네 생각을 한번 요약해 볼래?"
"좀 더 자세히 설명해 줄래?"
"이 문제의 가장 중요한 점은 무엇이니?"

만약 아이가 학교 숙제나 수행평가 등으로 환경문제에 관심을 보인다면, 다음과 같이 질문해서 아이의 생각을 명확하게 할 수 있다.

⋯▸ "우리 동네 공원을 없애기로 한 것도 환경문제와 관계가 있을까?"

2. 가정을 다시 확인하게 만드는 질문
"네가 주장할 때 기본적으로 가정하고 있는 것이 무엇이니?"
"너는 이렇게 가정하고 있는 것 같은데, 내가 맞게 이해한 거니?"
"가정을 달리할 수는 없을까?"
"가정을 검증하거나 부정할 수 있는 방법은 없을까?"

⋯▸ "싱크대에 기름을 버리는 것은 환경문제에 영향을 주지 않을까?"

3. 원인과 증거를 찾게 하는 질문
"이 문제와 관련된 구체적인 예로는 무엇이 있을까?"
"이것과 비슷한 것으로는 무엇이 있을까?"

"무엇이 이런 문제를 일어나게 만들었다고 생각하니?"

"이것과 관련해 더 찾아볼 정보로는 무엇이 있을까?"

"방금 말한 것이 사실이라는 것을 어떻게 알 수 있지?"

⋯▸ "사람들의 어떤 행동이 환경문제를 일으켰다고 생각하니?"

4. 관점에 대한 질문

"이 문제를 해결할 수 있는 대안은 무엇일까?"

"고려할 수 있는 다른 측면은 없을까?"

"네 의견이 가장 좋다고 생각하는 이유는 무엇이니?"

"네 대안이 왜 필요하고, 누가 이익을 보게 되는지 설명해 줄래?"

"혹시 네 의견에 대해서 누가 반박을 한다면, 어떻게 할까?"

⋯▸ "사람들이 집에서 버리는 오염 물질이 정말로 공장 폐수보다도 더 심
각하냐고 누가 물어보면 어떻게 답할래?"

5. 시사점과 결과를 생각하게 만드는 질문

"네 생각을 바탕으로 일반화할 수 있는 원리 같은 것이 없을까?"

"네가 지금 내린 결론과 관계있는 것을 학교에서 배운 적 없니?"

"네 의견대로라면, 일어날 가능성이 큰 사건은 무엇이고, 반대로 가능
성이 희박한 사건은 무엇이니?"

"이 문제를 해결하기 전에 꼭 살펴보아야 할 다른 문제는 없니?"

"만약 이렇게 바뀌었다면 문제가 어떻게 달라졌을까?"

⋯▸ "네가 내린 환경문제에 대한 결론은 정치나 경제 같은 다른 분야의 문제에도 적용될 수 있지 않니? 적용해서 좋은 영향을 줄 수 있는 방법이 있지 않을까?"

6. '질문에 대한 질문'으로 생각을 키워 주는 질문
"내가 한 질문의 핵심이 무엇이니?"
"내가 왜 이런 질문을 했다고 생각하니?"
"이런 질문이 정말로 중요한 질문이라고 생각하니?"
"방금 한 질문을 다른 말로 바꾸면 어떻게 될까?"

⋯▸ "왜 환경문제를 경제적 관점에서 보는 게 중요하다고 한 것 같니?"

소크라테스 문답법을 실행할 때 주의할 점이 있다. 엄마는 아이의 답변을 바로 평가하려고 해서는 안 된다. 아이가 스스로 자기 생각을 확인할 수 있도록 계속 적절한 질문을 하려고 노력해야 한다. 엄마의 역할은 산파이다. 직접 아기를 낳아 아이 손에 들려 주어서는 안 된다. 소크라테스 문답법은 결론보다 과정이 중요하다. 즉, 최종적으로 도달한 특정한 지식이나 신념보다는 그것에 이르는 추론 과정을 더 귀중하게 여겨야 한다.

때로는 아이와 함께 헤매는 것을 두려워해서는 안 된다. 재빨리 잘못을 지적하고 바로잡아 주려 하기보다는, 마치 함께 손을 잡고 춤을 추듯이 자유롭게 움직여야 한다. 결과적으로 보면 함께 헤맨 시간도 그 나름대로 재미가 있을 것이다.

엄마가 질문을 잘못 했다고 아이가 따지면 기분 나쁘다며 빨리 답이나 하라고 채근하지 말고, 왜 그렇게 생각하는지 물어야 한다. 엄마도 완벽할 수 없다. 답을 척척 알려 주는 사람이 아니라 아이의 생각을 키우는 촉진자이다. 노련한 산파도 가끔 진땀 나는 시간을 경험하는 법이다. 실수를 두려워하지 말라. 아이는 엄마를 평가하려는 게 아니다. 자기 생각을 좀 더 잘하고 싶은 것이다. 아이가 자신의 생각에 더 집중할 수 있도록, 질문에 잘못된 점이 있다면 빨리 수정해서 다시 질문하자.

소크라테스의 문답법은 물고기를 주기보다 물고기 잡는 방법을 가르치는 것에 초점을 두는 교육 방법이다. 당장은 놓칠 수도 있는 몇 마리 물고기에 연연하지 말자. 까짓 몇 마리 놓쳐도, 아이는 결국 엄마에게 배운 낚싯법을 밑천 삼아 평생을 감사하며 살 것이다.

비판적 사고력을 키우는 데 도움이 되는 자료들

늑대와 양에 관한 진실

데이비드 허친스 글 / 바비 곰버트 그림 / 김철인 옮김 / 박영욱 해설 | 바다어린이

아이들이 쉽게 상상할 수 있는 동화적 상황에서 각 주인공이 되어 비판적 생각으로 새롭게 문제를 해결하는 과정을 경험하게 하는 책이다. 새로운 생각을 하는 것의 중요성을 안다면 스스로 그런 생각을 하려고 더 노력할 것이다. 초등학교 5학년 이하의 저학년, 또는 독서 경험이 많지 않은 아이에게 효과가 있을 것이다.

아빠, 게임할 땐 왜 시간이 빨리 가?

이남석 글 / 소복이 그림 | 토토북

저자가 직접 두 아이를 키우며 질문을 주고받은 이야기를 중심으로 비판적 사고의 특성을 느끼게 하고 구체적 방법을 배우게 하는 책이다. 다양한 책을 읽고 요리조리 생각하다 보면 나이를 먹는 만큼 마음과 생각도 조금씩 자라게 되는 과정을 자연스럽게 보여 준다. 아울러, 독서를 비롯한 다양한 경험으로 사고력과 문제해결력을 계속 키우는 지름길을 알려 준다.

생각을 발견하는 토론학교: 철학

최훈, 박의준 함께 지음 | 우리학교

철학사나 철학 이론을 나열하는 대신, 철학자들이 실제로 벌인 생생한 토론에서 따온 내용으로 만든 책이다. 초등학생이 읽기에는 좀 힘든 단어로 구성되어 있는 것이 단점이지만, 어느 정도 수준에 오른 초등학생이나 중학생은 무난하게 읽을 수 있다. 철학의 중요한 쟁점을 다룬 논쟁에 독자로서 참여해 철학자들이 실제로 문제를 다루는 방식을 배울 수 있는 좋은 책이다. 〈백조의 호수〉 공연을 보면서 끄덕끄덕 조는 사람이 있다면, 문제는 〈백조의 호수〉에 있는 것일까 조는 사람에게 있는 것일까? 이처럼 누구나 한번쯤 궁금해할 만하거나 생각해 보면 좋을 주제들과 그에 대한 여러 철학자의 주장을 잘 설명하고 있다.

영상 자료

각 방송사의 시사 다큐멘터리 프로그램이나 BBC 다큐멘터리, EBS 〈다큐프라임〉 등은 비판적 사고력 향상을 위한 훌륭한 멀티미디어 교육 자료이다. 아이와 적어도 일주일에 한 번은 다큐멘터리를 함께 보며 이야기를 나누는 시간을 가지자. 먼저 의견을 내기보다는 아이 의견을 먼저 듣고 소크라테스 문답법을 활용하여 스스로 생각의 허점을 찾도록 도와주면 비판적 사고력과 문제해결력이 함께 좋아질 것이다.

05

질문법으로
의사소통과 협동 능력
키우기

"과학자들은 올바른 해답을 주는 사람들이 아니라
올바른 질문을 하는 사람들이다."

_클로드 레비스트로스(프랑스 인류학자)

조 작업은 짜증 나

준수는 집에 들어오자마자 엄마에게 툴툴거린다.

"이번 수행 과제에서 또 상현이랑 한조가 되었어."

"아니, 그 얌체랑?"

상현이는 모둠 활동으로 하는 과제에서 자기 할 일을 안 하는 것으로 유명한 아이였다. 처음에는 차라리 없는 셈 치고 작업을 했지만, 빤빤히 놀면서도 점수를 따 가는 상현이가 너무 얄밉다고 준수는 생각했다. 엄마도 준수가 속상해하자 마음이 안 좋았다.

"너도 똑같이 해. 그 애를 조장 시키고, 애들과 짜고 좀 골려 줘. 그래야 그 나쁜 버릇을 고치지."

준수는 잠시 가만히 있다가 한숨을 쉬면서 말했다.

"그러다가 잘못되면 우리 과제 아예 못 내게 될 거야. 그 애가 얼마나 막강하게 대책 없는 애인데……."

"그럼 선생님께 말씀드리든지 해야지."

"그런 것까지 다 겪으면서 조율하라는 게 과제의 목적 중 하나라고 아예 조를 짜기 전부터 말씀하셨어."

"아니, 대체 목적이 왜 그래?"

"협동 과제가 원래 그런 거래."

"뭐, 어쩔 수 없구나. 팔자거니 하고 넘어가야지."

말은 그렇게 했지만, 준수 엄마는 귀한 아들이 괜한 고생을 하는 것 같아 마음이 불편했다. 그래서 한마디 더 했다.

"다음에는 그 애와 연결 안 되게 머리를 쓰거나, 이미 여러 번 같은 조가 되었다고 말해서 바꾸든지 해."

준수 엄마는 아들을 생각하는 마음으로 말했다. 하지만, 문제는 상현이 같은 아이가 얼마든지 있다는 것이다. 그런 아이가 있을 때마다 의사소통을 하지 않고 협동을 이끌어 내지 못한다면, 다른 집단과의 경쟁에서 이길 수 없다. 설령 이긴다고 해도, 그 과정에서 지쳐서 다음 성공을 기약하기 어렵다. 아이를 위한다면, 의사소통과 협동을 이끌어 낼 수 있는 방법을 고민해야 했다.

리더에게 필요한 기술

미국의 한 호텔에서 실제로 있었던 일이다. 연일 밀려드는 고객으로 놀라운 속도로 호텔이 번창했다. 하지만 그게 문제였다. 호텔을 지을 당시에는 나름대로 여유 있게 설계한 로비였지만, 사람들이 많이 오가다 보니 여간 불편한 것이 아니었다. 특히, 로비에 설치된 5대의 엘리베이터가 문제였다. 엘리베이터 앞에는 늘 사람들이 줄을 서서 기다리고 있었다. 그 탓에 로비를 가로질러 다니는 사람도 불편하고, 보는 사람도 답답하고, 엘리베이터를 직접 타는 사람도 불편했다. 엘리베이터를 늘리고 운행 속도도 빠르게 해서 기다리는 사람이 없게 해 달라는 의견이 쏟아졌다.

하지만 호텔의 구조상 엘리베이터를 늘릴 수 없었다. 이런 사정을 설명하자, 고객들은 상황을 이해하기보다는 호텔에 크게 실망해서 다른 호텔에 예약을 하는 경우가 많아졌다. 역설적이게도, 호텔이 잘된 탓에 최대 위기를 맞게 된 셈이다. 여러분이 호텔 관리자라면 어떻게 이 엘리베이터 문제

엄마의 질문법

를 해결하겠는가?

호텔 엘리베이터 대기 줄 해결 방법은 여러 가지가 있을 수 있다. 호텔 주변에 있는 다른 호텔을 인수하여 고객을 분산 수용하거나, 아예 부지를 매입하여 또 하나의 호텔을 새로 더 크게 짓는 것도 방법이다. 하지만 이것은 현재 불만이 극에 달한 고객의 마음을 누그러뜨리거나 한번 떠난 고객이 돌아올 확률을 높여 줄 대안은 아니다. 더구나, 엘리베이터에 집중된 고객의 불만을 해결하려고 호텔을 인수하는 것은 잘못되면 빈대 잡으려다가 초가삼간 다 태우는 식으로 큰 경영 위기를 초래할 수도 있는 그릇된 해결책이다. 그렇다면 어떻게 하면 좋을까? 엘리베이터의 숫자를 늘릴 수 없다면, 숫자를 늘린 것과 같은 효과를 낳을 만한 다른 방법을 궁리해 봄 직하다. 엘리베이터의 속도를 높이면 어떨까? 5대의 엘리베이터 속도를 20%만 높여도 1대를 더 추가한 효과가 나지 않을까?

속도를 높이면 엘리베이터 앞에 죽 늘어선 대기 줄이 좀 줄어들기는 하겠지만, 인전이 문제이다. 그리고 인전을 충분히 확보한다고 해도 문제다. 어린이나 노인 등 어지럼증을 호소하는 고객이라도 생기면 또 다른 불만을 키우는 셈이니, 속도를 다시 정상으로 늦추게 될 터이다. 결국, 속도를 조절하는 방법은 임시 해결책에 지나지 않는다.

우선, 제한 조건을 살펴보자. 호텔의 구조를 바꿀 수 없고, 고객을 오지 말라고 막을 수도 없으며, 불평을 늘어놓지 말라고 고객에게 강요를 할 수도 없다. 여러분이 호텔 관리인이라고 해 보자. 어쩔 수 없다고 가만히 있다가는 결국 경영 악화 때문에 자리에서 쫓겨날 것이다. 어떻게든 문제를 해결해야 한다. 자기 능력으로 해결책을 찾을 수 없으면 자문을 구해야 한다.

대통령도 자문을 받고, 대기업 총수도 자문을 받지 않는가? 호텔 관리인인 당신도 이런 문제에 대한 전문가를 찾아 컨설팅을 받을 수 있다. 그래서 전문가가 내준 해결책을 적용하면 된다.

그러나 실제로 이 엘리베이터 문제를 해결한 사람은 건축 전문가가 아니었다. 그는 호텔 관리인이 건축가와 이야기하는 것을 우연히 옆에서 듣고 있던 호텔 도어맨이었다. 도어맨은 간단하게 말했다.

"안을 고칠 수 없으면, 밖에 엘리베이터를 만들면 되지요."

처음에는 말도 안 되는 이야기라고 생각했다. 하지만 건축가와 호텔 관리인은 곧 도어맨의 말이 창의적 대안임을 깨달았다. 세계 최초로 밖에 엘리베이터를 만든다면 손님을 더 끌어모을 수 있는 전화위복의 기회를 잡는 셈이었다. 호텔 관리인은 건축가에게 즉시 작업을 지시했다. 만약 호텔 관리인이 자기가 호텔 사업을 제일 잘 알고 경험도 가장 많아서 내부의 다른 사람에게 별로 도움 받을 것이 없다고 생각했다면 어떻게 되었을까? 결국 문제를 해결하지 못하고 무능한 리더로 평가받아 내쫓겼을 것이다. 다양한 사람과 의사소통하고 협력할 줄 알아야 리더로서 인정받을 수 있음을 확인하게 해 주는 사례라 할 수 있겠다.

리더는 어느 하나만을 알고 있는 전문가가 아니다. 리더는 여러 가지 요소들 사이의 관계를 보고 그것들을 서로 잘 연결할 줄 알아야 하는 사람이다. 아니, 리더뿐 아니라 모든 사람이 '사이'의 관계를 잘 알아서 전체라는 협력 틀 안에서 자신의 몫을 해야만 원활하게 돌아가게 되어 있는 것이 세상이다.

탁월한 업적을 쌓은 위인들의 공통점

　남녀를 불문하고 아이들이 어릴 적부터 가장 많이 접하는 캐릭터 중의 하나는 디즈니 캐릭터일 것이다. 미키 마우스, 도날드 덕, 백설공주, 신데렐라 등등. 대부분의 사람들이 이러한 캐릭터들을 디즈니 사의 창업자인 월드 디즈니가 만든 줄 알고 있다. 하지만, 사실은 그렇지 않다. 디즈니의 대표적 캐릭터 중 하나인 미키 마우스와 도날드 덕만 해도 월트 디즈니 혼자서 만든 것이 아니다. 미키 마우스는 월트 디즈니의 위임을 받아 어브 이웍스가 만들었다. 그리고 어브 이웍스가 만든 쥐에게 미키 마우스라는 이름을 붙여 준 사람은 월트 디즈니의 부인인 릴리안이었다. 월트 디즈니는 아무것도 한 일이 없을까? 미키 마우스의 목소리 최초 녹음은 월트 디즈니가 직접 담당했다. 아니, 그뿐이 아니다.

　월트 디즈니는 그의 꿈을 펼칠 다른 사업을 계속 생각했으며, 그것을 도와줄 사람들도 만나 도움을 받았다. 디즈니 회사 소속의 만화가였던 찰스

알프레드 탈리아페로에게 도날드 덕을 그리게 하고, 칼 바크스에게 도날드 덕의 세계인 덕버그(Duckburg)를 만들게 하고, 디즈니 캐릭터가 넘쳐 나는 디즈니 월드를 설계하는 사람을 선정하는 식으로 말이다. 월트 디즈니는 능력이 보잘것없거나 맡은 역할이 하찮아서 다른 사람의 도움을 받았던 것이 아니다. 월트 디즈니는 그가 만난 여러 사람의 능력을 적극적으로 활용해서 원대한 꿈을 이룰 정도로 아주 '탁월한 의사소통 및 협동 기술'을 가지고 있었다. 이것이 바로 21세기 글로벌 리더십을 계발해야 하는 아이들에게 필요한 기술이다.

글로벌 리더십이라면 다른 사람 앞에 우뚝 서 있는 사람의 이미지가 떠오른다. 하지만, 월트 디즈니의 예에서도 살펴보았듯이, 남다른 리더십의 원천은 개인적 능력의 탁월함만이 아니다. 다른 사람의 능력까지도 최대한 활용하는 탁월한 대인관계 기술 또한 주요한 원천이다. 월트 디즈니가 다른 사람에게 도움을 받는 데에 인색했다면 어떻게 되었을까? 그는 디즈니 월드를 만들지 못하고 그저 뛰어난 애니메이터로 머물렀을 것이다. 그것도 자기가 만들 수 있는 캐릭터를 가지고 자기가 관심 있는 주제를 다룬 애니메이션을 만드는 데 그쳤을 것이다.

뛰어난 업적을 낸 사람들은 탁월한 의사소통 및 협동 기술을 가지고 있다. 이 점은 노벨상에 공동 수상자들이 많은 것을 보아도 알 수 있다. 공동 연구 정도가 아니라, 때로는 아예 다른 사람들의 연구 업적을 창의적으로 활용해서 상을 받기도 한다. 1962년에 노벨 의학·생리학상을 수상한 프랜시스 크릭(Francis Crick)과 제임스 왓슨(James Dewey Watson)처럼 말이다.

자기 점검 포인트

영화도 주인공인 배우뿐 아니라 조연, 스태프, 제작자, 마케터 등 다양한 사람들의 협동으로 만들어진다는 것을 아이에게 이야기해 준 적이 있는가?	
혼자 힘으로 성공한 듯한 위인의 이야기 속에 숨겨져 있는 주변 사람들의 도움을 아이와 함께 찾아본 적이 있는가?	
아이가 협동의 중요성을 느낄 수 있도록, 혼자 했을 때보다 협동을 잘했을 때 더 칭찬을 해 주었는가?	

   2007년 5월, 미국의 경제 전문지 《포브스》는 1950년 이후 이룩한 업적을 기준으로 '세계를 바꾼 15인'을 선정했다. 그중에서 1953년 DNA 이중나선 구조를 발견한 크릭과 왓슨은 상대성이론을 내놓은 알버트 아인슈타인과 함께 20세기에 가장 중요한 과학 업적을 내놓은 과학자로 꼽혔다. DNA 이중나선 구조의 발견을 계기로 생명과학이 비약적으로 발전하게 되었을 뿐 아니라 생명을 바라보는 시각이 달라졌기 때문이다. 그러나 정작 크릭과 왓슨은 생명과학사가 아니었다. 노벨 의학·생리학상을 받은 사람들이 전공자가 아니라니, 그들은 정말로 천재였기 때문에 그런 업적을 이룬 것일까?

   왓슨과 크릭은 서로 태어난 대륙이 달랐고, 전공까지도 달랐다. 제임스 왓슨은 1928년 미국 시카고의 가난한 가정에서 태어났다. 열악한 주변 환경에도 불구하고 16세에 시카고대에 입학해 동물학을 전공하여 22세에 바이러스 연구로 박사 학위를 받을 정도로 뛰어난 능력을 발휘했다. 한편, 프랜시스 크릭

왓슨과 크릭

은 왓슨이 태어나기 12년이나 전인 1916년에 영국 노샘프턴의 중산층 가정에서 태어났다. 어릴 적에 남다른 과학적 호기심을 보였지만, 1937년에 런던대학교에서 물리학 학사 학위를 취득한 뒤에는 특별한 과학적 능력을 보이는 것은 고사하고, 박사 학위도 받지 못하고 있었다. 군대를 다녀온 뒤에 전공을 바꾸어, 왓슨을 만났을 당시에는 단백질의 X선 회절에 관한 박사 학위 논문을 준비 중이던 35세의 대학원생일 뿐이었다.

크릭과 왓슨이 1951년 영국 케임브리지의 캐번디시 연구소에서 만난 것은 정말로 운명이었다. 두 사람은 나이와 출생지, 경력 등 다른 점이 많았지만, 과학에 대한 열정과 DNA에 대한 호기심이라는 공통점이 있었다. 둘은 점심을 함께 먹으면서 유전자의 구조에 관해 이야기를 나누었다. 그리고 어떻게 DNA를 연구할 것인지를 토론했고, 곧 공동 연구를 결심하게 되었다. 그렇다고 그들이 창의적 업적을 맨 먼저 달성할 만한 최고의 팀이 될 조건을 갖춘 것은 아니었다. 그들은 사실 수백, 수천에 달하는 연구자 중의 하나였을 뿐이다. 그것도 비전공자인 연구자.

당시에 DNA의 비밀을 연구하던 사람 중에는 당대 최고의 화학자로 인정받던 미국 캘리포니아공대의 라이너스 폴링(Linus Pauling)이 있었다(폴링은 1954년 노벨 화학상과 1962년 노벨 평화상을 받은 인물이다). 왓슨과 크릭은 일단 폴링이 쓰던 방법을 이용해 DNA의 구조를 밝히기로 결정했다. 다른 사람이 쓰는 방법을 쓰다니, 정말로 창의성과는 거리가 먼 것처럼 보이기 딱 좋은 결정이었다. 그러나 사실은 다른 사람의 능력을 활용해서 자신의 목표를 해결하겠다는 창의적 결정이었다.

그때 왓슨과 크릭 팀의 경쟁자는 폴링만이 아니었다. 역시 X선 회절 사진을 이용해 DNA 구조를 연구하던 로잘린드 프랭클린(Rosalind Franklin)과 모리스 윌킨스(Mourice Wilkins)도 그 분야의 선두에 서 있었다. 쟁쟁한 과학자들의 경쟁에 왓슨과 크릭 같은 애송이가 끼어들 틈은 없어 보였다. 그런 상황에서 1951년 11월, 당대에 가장 선도적인 연구 업적을 쌓고 있던 영국 생물물리학자 모리스 윌킨스는 케임브리지대에 와서 DNA가 나선형이라고 주장하기까지 했다. 왓슨과 크릭이 본격적인 연구를 하기 훨씬 전에 이미 연구 결과를 정리해서 발표한 것이다. 여기까지만 놓고 보면 정말로 왓슨과 크릭에게는 가망이 없었다. 그들의 장점이라고는 딱 두 가지였다. 첫째, DNA가 문제의 핵심이고 DNA 모양은 예쁘고 단순한 나선형일 것이라는 직관을 끝까지 밀고 나갔다는 것. 그리고 둘째는 다른 사람과 협력을 지속했다는 점이다.

크릭은 왓슨보다 나이가 많았고 더 포용적으로 사태를 바라보았다. 크릭은 고독한 사색가는 자신의 생각에 집착하게 된다고 믿었다. 그래서 혼자 하는 연구보다 두 사람이 하는 연구가 훨씬 유리하다고 생각했다. 동일한 관심사를 서로 다른 관점을 통해 분석할 수 있을 뿐 아니라 의견 교환 과정에서 서로 창의성을 촉발할 수 있다는 크릭의 믿음은 올바른 것이었다. 올바른 믿음은 시간이 갈수록 효과를 내기 시작했다. 거의 하루 단위로 연구 결과가 바뀌는 정신 못 차릴 경쟁 상황에서 최종 승자로 등극할 수 있을 정도로 말이다.

두 사람은 로잘린드 프랭클린이 찍은 X선 회절 사진에서 결정적인 단서를 얻었다. 여기에서 의문이 생긴다. 프랭클린이 찍은 X선 회절 사진이 DNA 이중나선 구조를 발견하게 해 준 결정적인 단서였다면, 정작 사진을 찍은 당사자인 프랭클린은 왜 그 사실을 발견하지 못했을까? 심지어 크릭은 프랭클린에게 나선형으로 찍히지 않은 사진이 잘못되었다고까지 했지만 프랭클린은 믿지 않았다. 프랭클린은 오히려 나선형이 아닌 사진을 분석하는 일에 더 몰두했다. 즉, 크릭은 외부 연구자의 연구 결과와 직관을 적극적으로 활용하기 위해 의사소통을 하고 협력하려고 했던 반면에 프랭클린은 자신의 탁월한 능력만을 믿고 일방향으로 의사소통을 했을 뿐, 상대방의 의견을 제대로 듣지 않았다. 프랭클린이 뒤늦게 자신의 과오를 깨닫고 서둘러 DNA 구조에 관한 모형을 수정하기 시작했을 때는 왓슨과 크릭이 모형을 완성한 다음이었다.

크릭과 왓슨의 예에서 보듯이, 경쟁이 심할수록 개인의 역량과 열정만으로는 승리하기 힘들다. 그것이 제아무리 뛰어나더라도 그렇다. 자신의 탁월함뿐 아니라 외부의 능력까지도 효과적으로 활용할 줄 알아야 남다른 경쟁력을 가질 수 있고, 리더로서 인정받을 수 있는 세상이다. 주변과 소통하지 못하는 사람은 기껏해야 우울한 2인자에 머물거나, 안타까운 실패자가 되기 십상이다.

엄마의 질문법

공감 능력으로 밝히는 아이의 미래

　공감은 다른 사람의 입장에서 생각할 수 있는 능력이다. 즉, 어떤 인물에 대해서 감정 이입을 하고, 그 사람의 입장과 지식 수준에서 사태를 파악하려고 노력한다면 공감 능력을 계발할 수 있다. 공감 능력이 뛰어난 사람은 다른 사람과 의사소통을 잘한다. 사람들은 자신을 이해해 주는 상대방에게 마음의 문을 더 잘 열기 때문이다. 그리고 진심으로 하나가 되어 협력을 할 가능성도 커진다. 따라서, 의사소통 능력과 협력 능력을 키우려면, 화술이나 처세술과 같은 얄팍한 기술을 아이에게 가르칠 것이 아니라 공감 능력부터 계발해 주어야 한다. 엄마가 자신이 가진 공감 능력을 가르쳐 준다면, 아이는 가장 효과적으로 그것을 학습할 수 있을 것이다.

　공감 능력은 공감할 줄 아는 노하우가 있어야 커진다. 즉, 그 노하우를 관찰할 수 있는 기회를 가져야 한다. 그런데 공감을 서로 이야기할 정도로 깊이 있는 이야기를 지속적으로 나눌 수 있는 상대는 아이와 가장 가까운 가족이다. 그리고 그중에서도 엄마다. 하지만 너무 부담스러워할 필요는 없다. 사람은 누구나 공감 능력의 잠재성을 가지고 태어난다.

인간의 뇌에는 거울뉴런(mirroring neuron)이라는 신경세포가 있다. 이 세포 덕분에 사람들은 다른 사람의 행동을 마치 거울에 반사된 이미지처럼 따라 할 수 있고, 다른 사람이 왜 그런 행동을 하는지 추측하고 그에 공감할 수도 있다. 즉, 뇌의 이상이 없는 한, 인간은 공감 능력을 발휘할 자원을 누구나 갖고 있다. 다만, 경쟁에 대한 잘못된 생각이나 자기중심주의 때문에 다른 사람을 적으로 보거나 남을 배려하지 않는 분위기에서 자라면서 공감 능력을 계발하지 못해 문제가 되는 것이다. 질문을 통해 의도적으로 다른 사람의 입장을 고려하게 한다면 공감 능력은 나아질 수 있다. 그런데 거울뉴런이 뇌의 신경세포이다 보니, 공감 능력도 뇌의 기본 원리를 따른다. 즉, 언어능력 발달이 그렇듯이, 뇌가 유연성이 좋고 비약적으로 발달하는 어릴 적에 계발할수록 더 좋다. 그래서 정서나 생활 면에서 아이와 밀착해 있는 엄마의 역할이 더 중요한 것이다.

공감 능력 계발을 위한 질문법은 비판적 사고를 위한 질문법과 비슷하다. 다만, 비판적 사고에 관한 질문법에서는 다른 사건이나 상황 등에 관한 질문이 주가 된다면, 공감 능력 계발을 위한 질문법에서는 다른 사람에 대해 주로 묻는다는 점에서 차이가 난다. 내가 만약 여자라면(혹은 남자라면) 이것에 대해서 어떻게 생각할까? 내가 만약 선생님이라면 어떻게 생각할까? 이처럼, 한 상황을 다각도로 볼 수 있게, 여러 인물을 상상하면서 각 인물의 입장에서 생각해 보도록 유도하는 질문을 하는 것이 좋다. 그리고 공감 능력 계발에서 꼭 기억해야 할 점이 있다. 공감은 말 그대로 '같은 것을 느끼는 것이다. 다른 사람의 입장을 돌아볼 때에는 자기와 다른 점을 발견하는 것보다 비슷한 점을 찾는 것이 더 중요하다.

사회심리학의 대인관계 이론에 따르면, 사람들은 자신과 공통점이 있는 사람을 좋아한다. 비슷한 사람끼리 어울린다는 '유유상종'이라는 말이 오랫동안 살아남을 수 있었던 것도 대인관계의 뼈대가 변하지 않기 때문이다. 아이가 처음 만난 사람과 대화를 할 때 그 사람과 자기의 차이점을 강조하여 이질감을 느끼게 하기보다는 공통점을 부각시켜 공감을 이끌어 내도록 유도해야 한다. 예컨대, 다음과 같은 질문을 통해서 말이다.

"새로 전학 온 아이는 너와 어떤 점이 비슷하니? 취미나 좋아하는 교과 목, 좋아하는 연예인, 좋아하는 음식은 물어보았니?"

다양한 것을 물어볼수록 공통점을 발견할 확률은 더 높아진다. 사람들은 서마나 특성이 있는 듯하지만, 잘 살펴보면 비슷한 방송 프로그램을 보면서 좋아하고, 비슷한 기호를 가지고 있어 유행에 동참을 한다. 다양한 사회·문화적 요소에 관한 질문을 아이가 했는지 확인하는 '질문에 대한 질문'을 한다면, 아이는 다른 사람을 만날 때마다 공통점을 찾는 질문을 하는 습관이 들 것이다.

전공과 출신 배경이 달랐던 크릭과 왓슨이 구내식당에서 처음 만나 DNA 연구를 위해 어떻게 의기투합하게 되었을지를 상상해 보자. 처음부터 자신의 분야도 아닌 연구 주제를 이야기하지는 않았다. 그 순간에 함께 먹는 음식에 대한 느낌, 함께 경험하고 있는 그날의 날씨, 함께 있는 연구소

시설 등, 서로 공통으로 나누고 있는 것들에 관한 이야기부터 나누었다. 그렇게 양파 껍질 벗기듯 차근차근 공감 수준을 높여 가서, 결국에는 각자가 소중하게 간직했던 연구 아이디어까지 이야기하게 된 것이다.

공감 능력은 일단 상대방의 말을 잘 듣는 것이 기본이다. 아이가 "몰라, 그 애가 뭐라고 했는데 기억 안 나"라고 할 때가 많다면, 상대방에 대해 관심을 제대로 기울이지 않는 습관이 들어서 그럴 수 있다. 이때는 다음번에는 아이들의 말을 잘 듣고 엄마에게 이야기해 달라는 숙제를 내주거나, 대화를 나눈 다음에 엄마가 한 말을 얼마나 잘 기억하는지 테스트해 보는 것이 좋다. 그래서 아이가 상대방이 하는 말을 경청하도록 유도해야 한다. 친구가 과제 수행에 계속 참여하지 않으려 한다면 왜 그러는지 직접 이야기를 들어 보거나 물어보거나 친구 입장에서 상상해 보았는지 확인하는 식으로, 아이가 공감 능력을 발휘하도록 촉진해야 한다.

그리고 대화 중에 "맞아", "그렇구나", "나도 그렇게 생각해" 같은 말로 맞장구를 치는 훈련을 시키는 것이 좋다. 사람들은 자기 말에 적극적으로 공감을 표하는 사람을 좋아한다. 특히, 다른 사람이 감정을 실은 이야기를 할 때 맞장구를 치도록 연습을 시켜야 한다. 꼭 말로 해야 하는 것은 아니다. 고개를 끄덕이거나 눈짓을 하는 등, 적당한 몸짓으로 공감을 나타내는 것도 좋은 표현 방법임을 아이에게 알려 주어야 한다.

공감은 정서적 반응이다. 서로 감정이 교류된다는 느낌이 들어야 친해질 수 있다. 집에서도 아이가 감정을 실어 이야기할 때 엄마가 공감의 맞장구를 쳐 준다면 아이도 자연스럽게 공감의 대화법을 배우게 될 것이다. 드라마를 보면 등장 인물의 감정선이 변화하는 부분에서 음악이 나오거나 화

자기 점검 포인트

다른 사람의 이야기에 공감하는 모습을 아이에게 보여 주었는가?	
아이가 이야기할 때 말이나 몸짓으로 공감을 자주 표시하는가?	
남을 배려하는 일의 중요성에 대해서 아이와 진지하게 이야기한 적이 있는가?	

면이 클로즈업이 되는 경우가 많다. 그 순간이 바로 공감을 표해야 하는 타이밍인 것이다. 감정 표현이 무딘 아이라면 드라마를 보면서 정서적 공감을 표시하는 연습을 할 것을 추천하고 싶다.

공감을 잘하면 주변에 친구들이 많아진다. 친구는 적이 아니다. 나를 도와줄 수 있는 사람들이다. 친구가 많을수록 도움 받을 일도 많아지고, 그 힘도 세다. 즉, 개인의 능력 수준에 머무는 것이 아니라, 친구의 능력까지도 활용힐 수 있게 된다. 시시각각으로 변하는 세상에서 아무리 열심히 준비를 한들 혼자 힘으로 모든 것을 갖출 수는 없다. 때로는 빠른 문제해결을 위해 다른 사람의 노하우가 필요할 수밖에 없다. 그때 다른 사람의 능력을 활용할 수 있느냐 없느냐에 따라 개인의 경쟁력이 달라지는 것이다.

아이가 자신이 최고라는 생각에 사로잡혀 있다면 다른 사람에 대한 관심과 배려가 있을 수 없다. 이 경우에는 자기 능력을 과신하지 않게 하는 질문을 던져야 한다. "너는 잘 못하는 것이 많다"며 기를 죽이라는 말이 아니다. 자기 능력에만 의존하기보다는 다른 사람의 도움을 받는 편이 나을 때도 있다는 점을 생각할 수 있도록 질문을 하는 것이 핵심이다.

"너는 잘 못하는데 친구들은 잘하는 것 3가지만 말해 볼래?"

"네가 잘하는 ○○을 가르쳐 주면 자기도 너한테 잘하는 것을 가르쳐 줄 친구가 몇 명이나 있니?"

이런 질문을 들은 아이는 필요할 때 도움이 되는 친구가 누구인지를 자연스럽게 생각하게 될 것이다. 그리고 진짜 능력이 있는 사람이 될 수 있는 길을 고민하게 될 것이다. 진짜 능력이 있는 사람은 다른 사람에게 도움을 요청해서 그 사람의 능력까지도 활용할 줄 아는 사람이다. 다른 사람의 능력을 활용하라는 말을 잘 이해해야 한다. 다른 사람의 아이디어를 훔치거나 빼앗으라는 말이 아니다. 다른 사람의 능력으로 할 수 있는 일 중에서 자기 목표와 맞아떨어지는 것을 찾아서 도움을 구할 수 있어야 한다는 것이다. 그리고 반대로, 친구에게도 도움을 주겠다는 기본 자세를 갖추어야 한다. 그래야 다른 사람과 관계를 지속적으로 유지하면서 효율적으로 도움을 주고받을 수 있다. 그러한 관계를 '협력'이라고 한다.

"백지장도 맞들면 낫다"는 말처럼, 협력이 효과적이라는 것은 누구나 경험하는 사실이다. 하지만 사람들은 남에게 도움을 청하기를 주저하기 쉽다. 그 이유는 무엇일까? 이스라엘의 텔아비브대학 심리학과 아리에 내들러(Arie Nadler) 교수의 연구에 따르면, 자긍심이 강한 사람일수록 다른 사람에게 도움을 요청하는 것을 자신의 자아에 대한 위협으로 인식하는 경향이 있다고 한다. 즉, 자신의 능력에 대한 신념이 강한 사람일수록 다른 사람에게 도움을 받는 것을 마치 자기 능력에 문제가 있어서 그러는 것처럼 해석한다. 그래서 다른 사람의 도움을 찾지 않을 뿐 아니라, 상대방이 적극적으로 도와주겠다고 나서도 뿌리치게 된다.

내들러 교수의 연구를 통해 다음과 같은 사실을 확인할 수 있다. 자신의 능력을 과신할수록 협력의 가능성이 줄어들고, 그만큼 자신의 능력을 뛰어넘을 수 있는 가능성도 줄어든다는 사실이다. 아이가 자신의 능력을 믿으면서도 다른 사람의 장점 또한 살필 줄 알도록, 앞에서 살펴본 질문을 적극적으로 해서 협력을 촉진해야 할 것이다. 그리고 다음과 같은 질문을 통해, 아이가 과제를 수행할 때 협력부터 고민해야 함을 깨닫게 하자.

"이번 숙제를 할 때 다른 아이 중 누구에게 어떤 도움을 받았니?"

"이번 숙제를 할 때 너는 누구에게 어떤 도움을 주었니?"

"이번 조 작업에서 너는 다른 애들과 어떻게 일을 나누어 했니? 다음번
 조 작업을 위해 고쳐야 할 점은 없었니?"

"조 작업의 결과물이 100퍼센트라고 했을 때, 너는 그중 몇 퍼센트쯤 공헌
 을 했다고 생각하니?"

다른 아이와 협력하게 하려면 공동의 목표를 깨닫게 해 주어야 한다. 경쟁을 강조할수록 협력의 가능성은 그만큼 줄어든다. 아이가 학교 안 경쟁에 너무 몰두해서 협력을 하지 않으려 한다면, 학교를 넘어선 지역, 모든 학생, 나아가 글로벌 수준의 경쟁을 이겨 내기 위해서는 오히려 친구들과 한마음 한뜻으로 뭉쳐야 한다고 설득해야 한다. 이 책의 제3장에 소개한 내용처럼, 글로벌 경쟁을 염두에 두면 주위 사람들과의 협력이야말로 경쟁력을 갖추게 해 줄 좋은 대안이라는 점을 깨닫게 될 것이다.

아이의 의사소통 능력을 키워 주는 질문법

어른들을 위한 화법, 처세술 책은 많이 있지만 아이를 위한 책은 많지 않다. 다음 내용은 커뮤니케이션 전문가들이 입을 모아 강조하는 의사소통 비법 중에서 아이들에게 활용하면 좋을 만한 것들을 정리한 것이다. 엄마가 사실 확인을 위해 아이에게 직접 물어보아도 좋고, 아이가 자기 점검을 위한 체크리스트로 활용하게 해도 좋다.

1. 긍정적인 마음으로 상대방의 이야기를 들었는가?

부정적인 자세로 상대방의 이야기를 들으면 공감을 이끌어 내기 힘들다. 협력은 더더욱 그렇다. 일단 긍정적인 마음부터 가져야 한다.

2. 애매한 표현을 많이 쓰지 않았는가?

사람들은 애매한 것보다 명확하고 구체적인 것을 좋아한다. 자신의 의도를 정확히 전달하는 것이 의사소통의 목적인 만큼, 애매한 표현을 자제하는 습관을 들여야 할 것이다.

3. 상대방의 감정 변화에 신경을 썼는가?

공감을 바탕으로 의사소통을 원활하게 하기 위해서는 상대방의 감정을 잘 이해해야 한다. 사람들은 이야기를 나누는 중에 여러 정서 상태를 경험하기 마련이다. 처음에는 담담하게 이야기를 시작했다가 중간에 흥분하기도 하고, 흥분했다가 이야기를 하면서 냉정을 되찾기도 한다. 그런 변화를 잘 이해한다면 상대방도 더 친밀감을 느낄 것이다.

4. 자기 감정을 적극적으로 표현했는가?

느끼는 대로 바로바로 표현하라는 말이 아니다. 상대방의 이야기에 맞추어 자기 감정을 적절히 표현했는지를 묻는 것이다. 묵묵히 듣기만 하고 감정 표현을 하지 않으면 상대방과 가까워질 수 없다. 상대방의 감정 변화에 맞게 자신도 감정 표현을 해야 더 깊은 이야기를 나누며 의사소통을 할 수 있다.

5. 유머를 얼마나 섞어서 이야기를 했는가?

사람들은 재미있는 이야기를 좋아한다. 이야기 중간중간에 간단한 유머를 곁들일 줄 안다면, 나중에 사람이 많이 모인 곳에서 발표를 하거나 강연을 할 때에 아이가 자기 의도를 제대로 전달하면서도 호감을 많이 얻을 수 있을 것이다.

6. 상대방에게 질문을 얼마나 했는가?

질문을 한다는 것은 상대방 이야기를 잘 듣고 있다는 표시이자 더 많이 알고 싶다는 관심의 표현이다. 상대방의 말에 공감을 하고 그것을 긍정적으로 받아들인다는 백 마디 말보다 "그래서 어떻게 되었어요?"라는 단순한 질문 하나가 더 큰 힘을 발휘한다. 그다음 이야기를 청하는 질문이 많을수록 상대방은 신이 나서 이야기를 하고 친밀감은 더욱더 커질 것이다.

7. 상대방이 물어봐 주기를 바라는 질문을 했는가?

상대방이 옷을 입고 왔다. 그는 "정말 멋진데, 어디서 산 거야?"라고 물어봐 주기를 내심 바라고 있을 것이다. 그렇다고 내가 알고 싶은 것을 계속 물어보면 상대방이 피곤해진다. 적어도 대화 초반에는 상대방의 상황을 살피는 질문을 하는 것이 좋다. 그냥 칭찬을 하기보다 질문으로 관심을 표시하는 것이 더 효과적이다.

8. 자신의 상황을 먼저 이야기했는가?

다른 사람의 마음속 깊은 이야기까지 들으려면 내 마음속도 드러내야 한다는 것이 상호적 인간관계의 특징이다. 그런데 사람들은 자기 이야기는 쉽게 꺼내려 하지 않는다. 상대방이 먼저 비밀을 털어놓으면 그제서야 "아, 나도 그런데……" 하면서 자연스럽게 내 이야기도 하는 식이다. 상대방의 생각을 알고 싶다면, 무조건 요구하기보다 먼저 자기 상황부터 설명해 보자. 그러면 상대방도 스르르 마음의 문을 열어 여러 이야기를 할 것이다.

9. 자기만 아는 이야기를 오래 하지 않았는가?

유명 연예인도 아닌 자기 학교 선생님을 성대모사하면 다른 지역에 사는 사람들이 공감을 못 해 전혀 웃지 않는다. 마찬가지로, 자기만 아는 이야기를 신나게 하다 보면 언뜻 의사소통이 잘된 것 같은 착각도 들지만, 사실은 상대방 가슴속에 단절의 벽이 생겨난다. 상대방이 관심을 가지기 힘든 이야기, 지루해하는 이야기를 길게 하지 않는 세심함이 필요하다.

10. 상대방의 이름을 자주 불렀는가?

사람은 자기 이름을 시끄러운 곳에서도 잘 듣는다는 심리적 특성을 지닌다(심리학에서는 이런 현상을 '칵테일파티 효과'라고 한다). 같은 말도 상대편 이름을 부르면서 하면, 상대편이 귀를 쫑긋 세우고 듣기 때문에 의사 전달이 더 잘된다.

의사소통 능력을 키워 주는 자료들

어린이를 위한 경청: 좋은 친구를 사귀는 힘

조신영, 박현찬 원작 / 정진 글 / 김지혁 그림 | 위즈덤하우스

듣기 싫은 이야기에는 귀를 닫아 버리는 말 없는 아이 현이
와 무엇이든 자기 뜻대로만 하려는 은미. 이 두 주인공이 친구들과 합창 대
회를 준비하면서 서로를 이해하고 받아들이는 과정이 책의 중심 내용이다.
아이들은 이 책의 주인공 혹은 등장인물을 통해 자기 모습을 돌아보면서
상대방을 존중하는 대화, 생각을 나누는 대화의 중요성을 느끼게 될 것이
다. 그리고 친구와 협력하는 일의 중요성도 아울러 깨닫게 될 것이다.

어린이를 위한 대화 발표의 기술

김은성 콘텐츠 / 서지원 글 / 서현 그림 | 위즈덤하우스

의사소통의 구체적인 기술을 알고 싶어 하는 어린이 독자
에게 좋은 책. 말하기 기술을 총 5단계로 소개하되, 이야기로 구성해서 쉽
게 이해하도록 하였다. 공감 능력을 키우는 방법부터 몸짓 활용하기를 거
쳐 상황 통제력까지 배울 수 있도록 내용이 정리되어 있다.

칭찬은 고래도 춤추게 한다

켄 블랜차드 외 지음 / 조천제 옮김 | 21세기북스

의사소통의 목적은 결국 사람의 마음을 얻는 것이다. 그런데 사람의 마음을 잘 얻을 수 있는 지름길은 칭찬이다. 사람들은 칭찬에 약하다. 그렇다고 무조건 아무거나 칭찬을 해서는 안 된다. 신뢰가 쌓이기 전에 칭찬만 늘어놓으면, 상대편은 그것을 부담스러워하거나 칭찬한 사람을 믿음이 안 가는 사람으로 여기기 쉽다. 칭찬에도 순서가 있다. 일단 객관적으로 관찰할 수 있는 외모에서 시작해서, 행동, 능력 순으로 칭찬을 한다. 그 다음에 수준을 더 높여서 상대편의 성품과 존재 자체 등에 대해 칭찬을 하면 그의 마음을 얻을 수 있다. 이런 생각을 하면서 이 책을 읽는다면 더 좋을 것이다. 엄마가 읽고서 아이에게 어떻게 칭찬하면 좋은지 가르쳐 준다면, 아이는 이 책에 나와 있는 성공적인 리더의 자질을 갖추게 될 것이다.

06

질문법으로
정보 문해력 키우기

"많이 묻는 사람이야말로
많이 배우고 많은 지식을 얻을 수 있다."

_프랜시스 베이컨(철학자)

인터넷은 만병통치약?

중학교 1학년생을 둔 희지 엄마는 아이가 숙제를 할 때 인터넷 포털 사이트에서 답을 찾는 것을 당연하게 여긴다. 지식을 올린 사람에게 이른바 '내공'을 줄 수 있도록 사이버 머니를 충전해 주기도 할 정도이다. 아이는 포털 사이트에 있는 각 과목 숙제 도우미 카페에도 가입을 했다. 그런데 1학기 중간고사를 본 다음에 적성검사를 하더니, 진로에 관한 내용이 수행평가 과제로 선정되었다. 그것은 특정 교과목 카페의 도움을 받을 수 없는 주제였다.

그러나 초등학생 때부터 인터넷을 활용하는 숙제에 익숙한 아이는 평소 습관대로 지식 거래 게시판에 글을 올렸다.

○○○중학교 수행평가 문제에 대한 답을 구합니다. 나의 꿈을 이루기 위해서 어떻게 중학교 생활을 해 나갈 것인지 구체적으로 적어야 한답니다.

저는 기자나 아나운서, 피디가 꿈이에요. ㅋㅋㅋ 제 꿈을 이루기 위해 어떻게 하면 될지 구체적으로 써 주시는 분에게 내공 왕창 드려용~ 아래는 필수 포함 항목입니다.

  1. 해당 직업의 특징 및 필요한 능력
  2. 나의 특징 및 현재 능력
  3. 꿈을 이루기 위한, 중학교 생활에 대한 연도별 계획

그런데 답으로 올라온 것들은 성의가 없었다. 아나운서가 쓴 에세이를 읽거나 방송국에 문의를 하라는 이야기가 대부분이었다. 중학교 생활에 대한 구체적 언급은 거의 없었다. 중학교 생활 첫 수행평가 점수를 잘 맞고 싶은 희지는 엄마에게 어떻게 하면 좋을지 물어보았다. 엄마는 이렇게 대답했다.

"각 항목을 나눠서 인터넷을 끈기 있게 찾아봐. 설마 이런 숙제에 대한 정보 하나 없겠니?"

희지는 방송국 사원 채용 광고를 참고해서 정보를 구하고, 다른 중학생의 자기 특성을 설명하는 숙제를 참고해서 자신의 특성을 정리한 뒤, 일반적인 학생들의 연차 생활 계획표를 수정해서 숙제를 작성했다. 희지 엄마가 보기에도 일관성 없는 한심한 수준이었다.

"이게 뭐니? 좀 쓸 만한 정보를 구해서 넣어야 좋은 점수를 받지. 이것저것 검색어를 다양하게 넣어서 끈기 있게 찾아보란 말야."

그러나 희지는 검색어를 바꿀 때마다 새로 엄청나게 쏟아져 나오는 정보들 속에서 어떤 것을 써야 할지 몰랐다. 자기 입맛에 딱 맞는 정보는 없었

다. 오랫동안 인터넷으로 숙제를 했지만 막막했다. 희지는 자신의 정보 활용 능력이 이 정도밖에 안 되는지 회의가 들었다. 희지나 엄마는 인터넷에 있는 가치 있는 정보를 발견하는 것이 정보 능력이라고 생각하고 있었다. 그러나 정보 활용 능력은 정보를 검색하는 능력일 뿐 아니라, 정보를 만들어 낼 줄도 아는 능력이기도 하다.

　인터넷에는 끈기 있게 살펴보아도 다 못 볼 만큼 엄청나게 많은 정보가 있다. 그런데 그 정보가 모두 가치가 있는 것은 아니다. 희지가 숙제할 때 벽에 부딪혔듯이, 생각과 통찰이 담기지 않은 정보는 정보가치가 없다. 정보가치를 볼 줄 아는 통찰력과, 의미 있는 정보를 스스로 만들어 낼 줄 아는 능력이 필요하다. 그리고 그 능력은 그것을 촉진하는 질문들에 답하는 훈련을 함으로써 기를 수 있다

정보사회를 잘 살아가려면?

21세기 현대사회를 정의하는 말 중에 가장 일반적인 것이 '정보사회'일 것이다. 정보사회란 단어 그대로 정보의 가치를 가장 중시하는 사회를 말한다. 과거의 산업사회에서 토지·노동·자본이 중요했다면, 정보사회에서는 정보의 수집·가공·유통과 관련된 인간의 능력과 기술, 시스템이 중요하다. 정보사회의 이러한 특징은 이미 우리의 삶에 깊이 관여하고 있다. 굳이 학문적인 내용까지 갈 것도 없이, 불과 십 년 전과 지금의 우리 생활만 비교해 보아도 우리 사회가 얼마나 빨리 변화했는지 알 수 있다. 정보사회에 살고 있는 우리는 필요한 정보를 얼마든지 수집할 수 있다. 그 대상은 아날로그와 디지털을 가리지 않지만, 주로 인터넷이나 컴퓨터, 방송 등을 통한 정보 활용이 일반화한 것이 현대 정보사회의 가장 큰 특징이다.

꼭 전문가가 아니더라도 요즘 사람들은 인터넷 블로그에서 본 멋진 글을 자신의 블로그에 옮겨 놓고, 때로는 그것을 간단한 플래시 애니메이션 효과를 준 미디어 파일 형태로 가공하기도 하고, 서점에서 구입한 책 속의 사진을 스캔하여 근사한 디지털 이미지를 자신의 블로그에 올려놓기도 한다. 이렇게 정보의 수집부터 생산, 제작, 가공, 저장까지를 일반인들이 자유자재로 하게 되면서 정보의 유통은 가히 폭발적으로 확산되었다. 이제는 정보의 양이 아니라 정보의 질이 문제가 되는 시대이다. 20세기 초반이나 중반에는 글자를 읽을 줄만 알아도 정보에 접근할 수 있었고 그것이 경쟁력이 되었다. 그러나 지금은 단순히 글을 읽고 쓰는 문자 해독 능력만 가지고는 경쟁력을 가지지 못한다. 이제는 겉으로 드러난 글을 읽고 쓰는 능력이 아니라 정보를 읽고 만들 수 있는 능력, 즉 정보의 가치를 제대로 인식하고 능동적으로 다룰 수 있는 정보 활용 능력(information literacy)이 더욱 중요해지게 되었다.

사회에서 필요한 문해 능력은 크게 6가지로 구별하는 것이 보통이다. 첫째, 기본적 문해 능력(basic literacy)은 기본적으로 글을 읽고 쓸 줄 아는가와 관련된 능력이다. 국가는 의무교육으로 이 기본적 해독 능력을 교육함으로써 문맹을 퇴치한다. 둘째, 기능적 문해 능력(functional literacy)은 읽고 쓸 줄 알 뿐 아니라 그 기능을 매일 사용할 수 있는가와 관련된 능력이다. 즉, 이 기능적 해독 능력이 있으면 사회생활에 불편함이 없을 정도로 읽기, 쓰기 등이 숙달된 상태라고 할 수 있다. 셋째, 직업상 문해 능력(occupational literacy)은 직업이 요구하는 세부 작업에 필요한 기본 요소를 알고 있는가와 관련된 능력이다. 가령, 수술을 하는 외과 의사라면 수술 도구와 절차 등의 기본 요소에 대한 해독 능력이 있어야 한다. 넷째, 기술적 문해 능력(technological literacy)은 정보 기술(IT) 등의 새로운 기술이 적용된 도구나 시스템을 효과적으로 사용할 수 있는가와 관련된 능력이다. 정보사회에서 정보처리 기술이 빠르게 변화함에 따라 날로 중요성을 더해 가는 능력이다. 인터넷에 접속하는 기술조차 알지 못하는 사람에게 인터넷이란 무용지물이니 말이다. 다섯째, 정보 문해 능력(information literacy)은 정보의 질적인 차이를 구별할 수 있는가와 관련된 능력이다. 여섯째, 적응적 문해 능력(adaptive literacy)은 정보사회의 변화에 따라 변화하는 새로운 기능을 따라갈 수 있는가와 관련된 능력이다. 그런데 적응적 문해 능력은 앞에서 꼽은 5가지 문해 능력의 응용이라는 측면이 강하다. 6가지 문해 능력이 모두 중요하지만, 그중에서도 정보사회의 특성에 비추어 가장 중요한 것이 정보 문해 능력(information literacy)이다.

정보 문해 능력을 올바로 이해하려면 '정보'의 개념을 명확히 익힐 필요가 있다. 원래 정보는 그냥 가지고만 있으면 곧 가치가 사라진다는 특성이 있다. 정보는 애초에 필요해서 수집한 것이므로 그에 맞게 사용하지 않으면 의미가 없어지는 것이다. 사용하지 못하는 정보는 쓰레기와 다르지 않다. 인터넷에는 '필요한 정보'도 많지만 필요하지 않은 '쓰레기 같은 정보'도 많이 있다. 자신이 사용할 가능성이 없는 정보는 쓰레기이다. 그 쓰레기가 머릿속에 있든 어떤 시스템 안에 있든 상관없다. 쓰레기는 쓰레기일 뿐이다. 보물처럼 가치 있는 정보를 입수하는 것이 중요하다. 그러므로 쓰레기를 줄이거나 만들지 않기 위해서는 정보를 적극적으로 사용하고, 가치 있는 정보를 수집하고 가공하려고 노력해야만 한다. 사람들이 워낙 쉽게 정보를 접하다 보니, 이러한 노력이 필요 없다고 생각하는 잘못을 범하는 경우가 많다. 검색엔진 덕분에 우리는 웹사이트 주소를 알지 못해도 정보가 있는 웹에 접근할 수 있다. 그러나 검색엔진은 우리가 접근하는 그 웹사이트의 내용이 정보인지 아닌지 확인해 주지 않는다. 우리가 검색엔진을 통해 접하는 것은 자료이지 정보가 아니다. 정보와 자료는 다르다. 국어대사전의 정의에 따르면 '자료'란 '연구나 조사 따위의 바탕이 되는 재료'로, '관찰이나 측정을 통하여 수집한 자료를 실제 문제에 도움이 될 수 있도록 정리한 지식'이라는 의미를 지닌 '정보'와는 다르다. 즉, 정보는 자료를 처리, 수용하여 사용자에게 쓸모가 있게 만든 것이다. 나 자신에게 효용성이 있어야 정보일 수 있다.

바다를 예로 생각해 보자. 모든 물고기를 같은 도구로 잡을 수 있는 것은 아니다. 바닷가에서 그물로 잡아 올릴 수 있는 물고기가 있는가 하면, 깊은 바다까지 나가야만 그물을 쳐서 잡을 수 있는 물고기도 있다. 또, 오징어 같은 것은 밤에 불빛을 환하게 켜 놓아야만 낚을 수가 있고, 전복이나 해삼은 직접 바닷속으로 들어가 채취해야만 한다. 어디 도구뿐인가? 물고기마다 서식하는 곳도 다르다. 한류에서 사는 것과 난류에서 사는 것이 서로 다르므로, 어부들은 물고기와 바다의 특징에 대해 잘 알아야 한다. 정보의 바다라는 인터넷에서도, 우리에게 필요한 정보를 구하려면 적절한 자료들을 가려내서 정보로 엮는 세부 기술이 필요하다. 그 세부 기술이 바로 디지털 문해 능력과 미디어 문해 능력이다.

정보 문해 능력은 '디지털 문해 능력(digital literacy)'과 '미디어 문해 능력(media literacy)'을 포함하는 개념이다. 디지털 문해 능력은 정보 기술(IT)을 활용하는 일차적인 기술적 해독 능력에 그치는 것이 아니다. 디지털로 된 네트워크와 컴퓨터 등의 시스템에서 능동적으로 정보를 수집하는 능력,

그 정보를 비판적으로 읽고 판단하여 자신의 필요에 맞게 활용할 수 있는 능력이 진정한 디지털 문해 능력이다. 간략하게 말하자면, 정보의 질적 가치를 평가하고 체계화해 자기만의 지식으로 전환시키는 창조적인 능력이라고 할 수 있다.

미디어 문해 능력 역시 중요하다. 정보의 바다라면 인터넷 중심의 디지털 정보만을 생각하기 쉽지만, 그보다 오래되었으며 여전히 많은 사람에게 영향을 끼치는 것이 바로 미디어다. 미디어 해독 능력이란 다양한 형태의 커뮤니케이션 미디어 자원에서 필요한 정보와 지식을 수집하고 분석, 평가, 종합하는 능력을 말한다. 미디어에는 방송이나 책, 다른 사람과의 대화나 토론회 등이 모두 포함되며, 이를 통해 자기만의 지식을 만들어 활용한다는 점은 다른 정보 활용 능력의 내용과 같다.

아이들은 숙제로 인터넷을 많이 검색한다. 그러나 특정 포털 사이트 하나를 정해서 검색하고 만다. 이러한 습관에 젖으면 정보 문해 능력이 나아지지 않는다. 아이에게 "몇 개의 검색 사이트를 이용했니?"라고 질문해서, 특성이 다른 여러 사이트의 정보를 객관적으로 비교해 좋은 정보를 가려내는 훈련을 시켜야 한다. 사람들이 흔히 사용하는 '검색엔진'이란 실은 웹디렉토리와 검색엔진을 통칭하는 말이다. 하지만 둘 사이에는 차이가 있다. 웹디렉토리는 주제별로 원하는 웹을 찾게 해 주지만, 검색엔진(웹 인덱스, 혹은 키워드 검색 방식이라고도 함)은 특정한 단어나 어구로 웹을 찾아 준다. 자신이 원하는 것 이상의 좋은 정보를 찾기 위해서는 검색엔진 사이트와 웹디렉토리 사이트를 함께 사용하면 좋다. 대표적인 검색엔진 사이트로는 '구글'이나 '네이버' 등을 들 수 있다. 웹디렉토리 사이트로는 '야후'가 대표적이다. 이 두 종류의 검색 도구에서 찾아낼 수 있는 정보의 성질이 다르므로, 각각의 검색 결과를 비교 평가하면서 정보를 탐색하는 습관을 들이는 게 좋다.

각 검색 도구의 구체적인 특징과 활용법은 해당 사이트의 소개 정보를 보면 된다. 그저 습관적으로만 정보를 검색했던 아이들은 검색 사이트의 특징을 소개하는 페이지를 읽으면서 검색 결과에 대해서도 남다른 생각과 감각을 키우게 될 것이다. 여러 검색 사이트를 비교하는 것도 좋다. 이 과정을 통해 자신에게 가장 맞는 사이트를 찾도록 유도해 보자. 같은 주제어를 넣거나 탐색을 해서 그 결과를 비교해 보고, 가장 쓰기 편하면서도 좋은 정보를 준다는 판단이 드는 것을 주된 검색 사이트로 선택하면 된다. 선생님들은 아이들이 네이버의 '지식iN' 서비스에서 찾은 천편일률적인 답에 지쳐 있으니, 그와 다른 참신한 답을 내놓는다면 더 좋은 평가를 받기 쉬울 것이다.

다만, 초보자는 우선 정보가 주제별로 체계적으로 분류되어 있는 사이트를 찾는 것이 좋겠다. 정보와 지식을 분류하는 방법을 자연스럽게 익힐 수 있기 때문이다. 야후와 같은 웹디렉토리 방식의 검색 사이트에서는 1차로 전문가가 특정한 맥락에 따라 분류한 목록을 볼 수 있다. 그리고 그 체계화된 방식을 흉내 내면 좀 더 빠르게 정보를 찾거나 지식을 체계화할 수 있다.

구글 탁월한 키워드 검색 포털 사이트

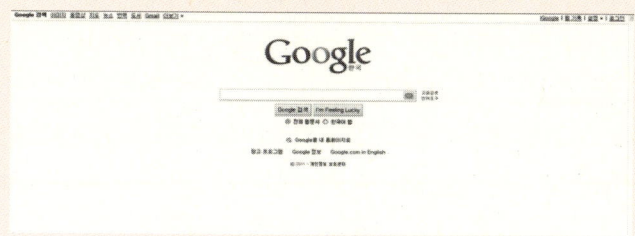

야후 디렉토리 검색 포털 사이트

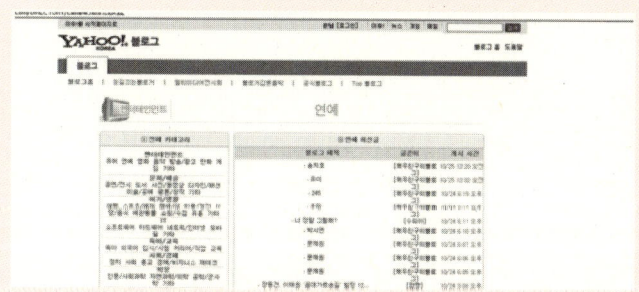

위키피디아 온라인 백과사전

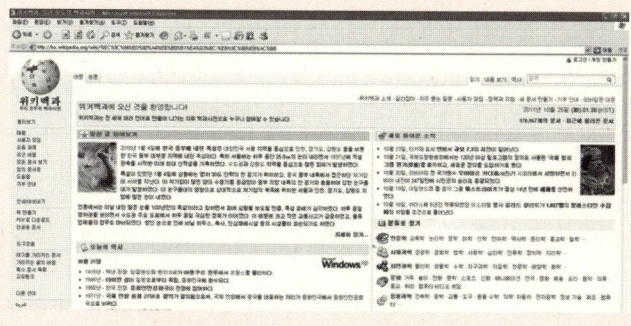

많은 아이들이 인터넷에서 정보검색을 하는 것으로 숙제를 완성한다. 그러나 앞에서 말했듯이 정보 문해 능력은 다양한 미디어의 자료를 활용하는 가운데 길러진다. 인터넷뿐 아니라 다른 정보 자원을 통해서도 종합적으로 숙제를 해결할 수 있도록, 다음과 같이 질문해 보자.

"인터넷 말고 책도 참고했니?"
"네가 본 영화나 다큐멘터리와 연관되는 점은 없을까?"

아예 아이와 함께 서점이나 도서관에서 책을 찾아 그 안에서 정보를 수집하는 것도 좋다. 때로는 CD-ROM 타이틀이나 온라인 사이트의 멀티미디어 파일이나 방송 프로그램을 보거나 듣는 것이 양질의 정보를 찾는 가장 빠른 방법일 수도 있다. 정보를 찾는다면서 컴퓨터에만 매달리는 것은 정보 능력을 제대로 활용하는 것이 아니다. 일정한 주제를 가지고 다양한 미디어를 오가면서 자기 필요에 맞게 정보를 탐색할 줄 알아야 정보 문해 능력이 계발된다. 종이책, 인터넷, DVD, 방송 등 여러 미디어를 오가며 정보를 구하다 보면, 같은 정보라 할지라도 어떤 형태로 구성하는 것이 효과적인지 알게 된다. 그리고 그렇게 구성한 이유를 이해하면서 미디어에 대해서 비판적인 시각도 갖추게 된다. 이러한 비판적 시각은 자신이 발표를 하는 것에 대해서도 적용을 할 수 있다. 결국, 미디어를 오가면서 정보를 수집하다 보면, 자기 생각을 가장 잘 표현해 줄 미디어를 선정하여 발표할 줄 아는 소양도 아울러 키울 수 있게 되는 것이다.

세상에는 수없이 많은 다양한 정보가 있다. 그런데 초보자에게는 체계적인 정보를 먼저 접하는 것이 아주 중요하다. 그렇지 않으면 정보가 정리가 안 되어, 다른 사람 눈에는 중구난방으로 자료를 짜깁기한 것처럼 보일 수 있기 때문이다. 특히, 어떤 주제에 대해서 잘 알지 못할 때에는 백과사전부터 검색하는 것이 좋다. 백과사전의 정보들은 일단 당대에 널리 인정된 사실이나 의견들을 종합하여 정리해 놓은 것이기 때문에 아주 훌륭한 출발점이 될 수 있다. 일반인이 지식 전문가를 자처하며 작성한 글을 바탕으로 검색을 시작하면 본의 아니게 편향된 정보만 접하게 될 위험성이 크다. 그러므로 객관적인 지식으로 인정받은 관련 도서나 위키피디아 같은 온라인 백과사전, 혹은 브리태니커 등의 오프라인 백과사전을 꼭 참조하도록 유도해야 한다. 간단한 질문 하나면 된다.

"백과사전은 찾아보았니? 뭐라고 쓰여 있었지?"

자기 점검 포인트

아이가 여러 검색 사이트를 이용해서 검색 결과를 비교해 가며 정보를 통합하도록 유도했는가?	
인터넷뿐 아니라 책, 학교에서 배운 내용 들을 연결 지어 생각한 다음에 정보를 찾도록 유도했는가?	
정보검색을 하기 전에 과제로 주어진 키워드를 자신에게 더 의미 있게 이리저리 바꾸어 보도록 권유했는가?	

비판적 사고와 정보 문해력

정보 문해 능력은 정보의 가치를 판단할 줄 아는 능력이다. 따라서, 그 정보의 가치를 판단할 줄 아는 비판적 사고 능력을 아울러 갖추어야 한다. 아이가 정보를 모아서 숙제를 할 때에는 비판적 사고력 계발을 위해 했던 질문들을 활용하는 것이 좋다. 그러면 아이는 어떤 정보나 주장의 진실성이나 정확성 그리고 가치를 판단하기 위해 정보를 분석적으로 이해하게 되고, 정보가 문제 해결에 적절한지에 대한 판단을 통해 적절한 결론까지도 내릴 수 있을 것이다. 다음은 비판적 사고를 바탕으로 특히 인터넷 글 읽기를 할 때 필요한 전략들이다.

1. 정보의 출처를 알아보고 그 신뢰성 평가하기

인터넷에서는 정보의 진위를 판단하는 것이 중요하다. 찾아낸 정보가 가짜인 줄 모르고 생활에 적용하거나 중요한 결론을 내리는 데 사용한다면

엄마의 질문법

심각한 피해를 입을 수도 있다. 따라서, 정보 자체뿐 아니라 출처가 신뢰할 만한 곳인지를 꼭 확인해야 한다. 이런 능력을 촉진하기 위한 질문으로는 다음과 같은 것이 있다.

"이 사이트는 믿을 만한 곳이니?"

"이 글에 대한 다른 사람들의 댓글이 긍정적이었니?"

"인용한 사실이 어디에서 가져온 것인지 출처를 밝혔니?"

"다른 사이트나 전문가들도 비슷한 말을 하는지 확인해 보았니?"

2. 중간에 자기 입장 확인하기

처음에는 좋지 않은 정보라고 판단했더라도, 비슷한 내용의 정보를 많이 접하다 보면 생각이 바뀌게 된다. '이렇게 많은 사람들이 좋다고 하는데, 혹시 그것에 반대하는 내가 이상한 것은 아닌가?'라는 생각이 들어 입장을 바꾸기노 한다. 처음에는 자기 입상과 달랐거나 필요가 없었던 정보에 일종의 세뇌를 당한 것이다. 비판적 읽기에서는 중간에 자기 입장을 확인하면서 중심을 잡는 과정이 필요하다. 자신의 이전 주장을 무조건 지키라는 말이 아니다. 객관적으로 판단해서 문제가 있는 부분은 쳐내고, 자신의 가치관과 신념에 맞는 부분을 생각의 뼈대로 바로 세우라는 것이다. 이와 관련된 질문들은 다음과 같다.

"글을 읽으면서 네 생각이 어떻게 바뀌었니?"

"너는 이 글에 동의하니? 그렇다면 이유는 무엇이니?"

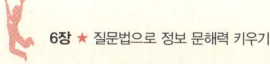

"너는 이 글을 기꺼이 너와 비슷한 다른 사람에게 추천할 수 있겠니?"

3. 사실과 의견 구분하기

인터넷에서 정신없이 정보를 찾다 보면 어느덧 사실과 의견을 객관적으로 구분하지 못한 채 그대로 받아들일 때가 있다. 즉, 의견을 사실이라고 착각하여 비판 없이 받아들이기도 하는데, 그럴 경우 사실과 동떨어지게 상황을 이해하게 될 위험이 있다.

"이 글에서 예로 든 사실과 글쓴이의 주장이 잘 맞아떨어지니?"
"이 글에 사실이 아닌 추측을 바탕으로 쓴 부분이 있었니?"
"근거가 부족한데도 주장을 편 부분은 어디니?"

4. 다양한 관점으로 읽기

정보를 만든 사람과 자신의 관점을 비교하면서 읽는 것이 좋다. 거기에 제3자의 객관적인 시각까지 머릿속에 떠올려 참조할 수 있다면 정보의 가치를 더 정확히 판단할 수 있고, 나중에도 다양하게 활용할 수 있게 될 것이다. 다음 질문들을 활용해 보자.

"이 글의 주장에 반대하는 사람이 읽는다면, 어떤 부분을 비판할 수 있을까?"
"이 글의 내용이 적용되지 않을 상황으로는 어떤 것이 있을까?"
"글 쓴 사람이 고려하지 못한 점은 무엇일까?"

엄마의 질문법

"네가 여자(남자)라면 이 글을 어떻게 읽을 것 같니?"

"네 나이가 스무 살 정도 더 많다면, 이 글을 어떻게 읽을 것 같니?"

5. 정보 속에 숨어 있는 편견 골라내기

우리가 인터넷에서 보는 정보는 대개가 다른 사람이 그의 시각에 맞게 가공해 놓은 것이다. 그러므로 객관적인 사실과 함께 주관적인 관점이 들어 있을 수밖에 없다. 그중에는 편견 탓에 사실이 왜곡된 것까지도 있을 수 있다. 예컨대, 아주 객관적일 법한 영화 소개 글에조차 문화우월주의나 가부장적 질서를 옹호하는 글쓴이의 편견이 포함될 수 있는 것이다. 정보에서 편견을 골라내며 읽는 것은 매우 중요한 일이며, 그것 자체가 능동적인 비판적 사고이다. 다음 질문들이 그 일에 도움이 될 것이다.

"글 쓴 사람이 당연하다고 여기는 것 중에 네가 동의하기 힘들거나 반대하는 것은 무엇이니?"

"글 쓴 사람이 가지고 있는 편견으로는 무엇이 있을까?"

"글에 숨어 있는 편견을 어떻게 하면 바로잡을 수 있을까?"

사회 교과목을 잘하게 해 주는 SQ4R 질문법

　초등학생들은 사회 교과목과 관련된 다양한 숙제를 하게 된다. 지역의 위인을 검색해서 업적을 요약하고 유적을 방문하기, 박물관 견학하기, 역사적 사건에 대해 비판하기 등등. 이런 숙제를 할 때 인터넷에 올라온 다른 학생의 숙제를 그대로 쓴다면 숙제를 통해서 얻고자 하는 학습 효과를 거둘 수 없다. 엄마가 숙제의 각 단계마다 간단한 질문을 하는 것으로 사회 교과목에서 계발하려던, 사회 현상에 대한 통찰력 형성을 촉진할 수 있다. 이와 관련된 방법이 SQ4R이다.

　"나무만 보고 숲은 보지 못한다"는 말이 있다. 원래 이 말은 전체만 보라는 말이 아니다. 종합적 통찰의 중요성을 강조한 말이다. 숲만 보고 나무를 분석적으로 살피지 못하는 것도 문제이다. 종합적 통찰은 분석과 종합을 함께 해야 가능한 것이다. SQ4R을 활용하면 처음에는 훑어보기를 통해 숲을 보고, 이어서 나무를 세세히 살펴 본 다음에, 자신의 질문과 답 등을 바탕으로 다시 종합적으로 정보를 이해하게 된다.

　SQ4R은 훑어보기/질문하기/정독하기/외우기/요약하기/다시 보기(Survey, Question, Read, Recite, Write, Review)라는 공부 순서의 머리글자를 따서 만든 용어이다.(단, write는 용어 암기를 편하게 하기 위해 W 다음의 R을 용어에 반영했다.) 이 SQ4R법을 순서대로 살펴보면 다음과 같다.

1. 훑어보기(Survey)

　읽어야 하는 글이나 자료를 대충 훑어보는 것이다. 대충 무슨 내용인지, 주제는 무엇인지를 살펴보는 수준에서 멈추어도 좋다. 본격적인 이해 과정에 들어가기 전에 마음의 준비를 하는 과정이다. 이 단계에서 엄마가 아이에게 할 수 있는 질문은 다음과 같다.(아니면, 아이에게 아래의 질문들을 자기 점검 리스트로 주어도 된다.)

　　"자료의 제목에 대해서 생각 해 보았니?"
　　"이 자료에서 알고 싶은 것은 무엇이니?"
　　"이 자료의 주제에 대해서 이미 알고 있는 것은 무엇이니?"
　　"자료의 처음과 끝, 도표, 요약을 훑어보았니?"

2. 질문하기(Question)

　질문을 통해 정보 수집의 관점과 목적을 분명히 하는 과정이다. 능동적 정보 수집을 위해 꼭 필요한 과정이다. 이 단계에서 엄마가 아이에게 할 수 있는 질문은 다음과 같다.

"훑어보기를 하는 중에 생각난 질문들이 있니? 있다면, 무엇이니?"

"자료의 제목을 질문으로 바꾸면 어떻게 될까?"

"자료의 내용 중에 이상하거나 이해가 잘 안 가는 점은 무엇이니?"

"자료를 만든 사람이 주장하고 싶은 점은 무엇이라고 생각하니?"

3. 정독하기(Read)

훑어보기와 달리 꼼꼼하게 읽는 과정이다. 그런데 그저 열심히 읽는 것이 아니라, 앞 단계에서 자신이 질문한 내용에 대한 답을 찾기 위해 읽어야 능동적으로 정보를 수집할 수 있다. 이 단계에서 엄마가 아이에게 할 수 있는 질문은 다음과 같다.

"질문과 관계가 있는 내용은 무엇이니?"

"내용을 읽으면서 바뀌었거나 새로 생긴 질문은 무엇이니?"

"내용을 이해하려 할 때 헷갈리는 부분은 어디니?"

4. 외우기(Recite)

자기가 이해한 내용과 앞의 과정에서 얻은 좋은 정보를 암기하는 과정이다. 소리 내어 여러 번 읽거나, 연습장에 써 가면서 읽거나, 표를 만들거나, 밑줄을 긋고 형광펜으로 표시하는 식으로 다양한 기억술을 활용해서 외우도록 유도하면 된다. 단, 단어들을 따로따로 외우거나 쪽지 시험에 대비하듯이 단편적 지식들을 암기하지 않도록 주의해야 한다. 되도록 의미가 서로 연관되게 외워야 더 기억하기 쉽다. 또한, 자신이 무엇을 모르는지 아는 것도 중요하다. 나중에 더 깊이 있게 공부하는 데 디딤돌이 되므로, 모르는 것을 확인하게 해 주는 질문을 하는 것이 좋다. 이 단계에서 엄마가 아이에게 할 수 있는 질문은 다음과 같다.

"질문에 대한 답이 될 만한 내용을 외웠니?"

"기억하려는 항목들 사이에 어떤 관계가 있니?"

"이 자료를 보고도 해결되지 않은 질문은 무엇이니?"

5. 요약하기(wRite)

SQ4R 연구자 중에는 외우기 다음 과정으로 요약하기 대신에 연관짓기(Relate)를 넣는 사람도 있다. 자신이 알고 있는 것과 글의 내용을 연관짓거나, 글에 나온 내용과 다른 글의 내용을 연관짓는 것이다. 연관짓기의 목적은 깊이 있는 이해에 있다. 그렇다면 연관짓기라는 방법 자체보다 어떻게 하면 이해를 더 잘할 것인가가 포인드인 셈이다. 그래시 원래 초칭기 SQ4R 연구자들은 자기 생각을 글로 써 보게 함으로써 아이의 이해를 촉진시킬 것을 권장했다. 이해하지 못한 것은 글로 표현하기 힘든 법이다. 그래서 이해한 것을 확인하는 방법으로는 주어진 주제에 대해서 글을 쓰게 하는 것이 가장 효과적이다. 그런데 왜 하필이면 그 많은 글쓰기 중에서도 요약하기일까?

요약은 자유롭게 글을 쓰라는 것이 아니다. 글의 핵심 내용을 파악하여 글로 표현하라는 것이다. 이때 글쓰기에 익숙하지 않은 아이라면 처음부터 긴 글을 쓰기는 어려울 것이다. 요약하기의 초점이 능동적인 정보 수집 및 활용 능력에 있다는 점을 고려하면, 길든 짧든 아이가 요약문을 자기 나름대로 쓰는 것만으로도 충분하다. 그래서 필자들은 요약하기를 암기하기 다음에 하라고 권하는 것이다. 이 단계에서 엄마가 아이에게 할 수 있는 질문은 다음과 같다.

"요약문에 쓸데없는 정보가 들어와 있지는 않니?"
"네 질문에 대한 답과 네 주장이 요약문에 명확히 드러나 있니?"
"요약문을 완성하기 전에 자료와 네 생각을 비교해 보았니?"

6. 다시 보기(Review)

공부를 하고 난 다음에는 복습까지 해야 완전히 내 것이 되는 법. 다시 보기를 통해 자료와 자신의 생각을 좀 더 명확히 정리할 수 있다. 이 단계에서 엄마가 아이에게 할 수 있는 질문은 다음과 같다.

"주요한 질문들에 답할 수 있게 되었니?"
"요약문 등 네가 쓴 글을 보고 생각난 것은 무엇이니?"
"아직 해결되지 않은 문제와 관련해서 나중에 찾아야 하는 자료의 주제는 무엇이니?"
"이 자료를 읽고 나서 생각이 바뀐 것이 있다면 무엇이니?"

아이가 자료를 검색할 때 엄마가 적절한 질문을 통해 지금까지 살펴본 SQ4R을 실천하게 한다면, 아이는 맥락을 이해하다가 막혔던 부분을 찾아

이해의 틈을 메우고 이해의 폭을 넓히려는 노력을 계속할 것이다. 인터넷 정보를 그대로 외워 보아야 소용이 없다. 새로운 지식으로 만들 줄 알아야만 하는 정보사회에서 살아간다는 점을 잊지 말자.

SQ4R과 관련된 질문을 하면서 엄마가 아이를 관찰할 때, 다음과 같은 체크리스트도 함께 활용하여 객관적으로 아이의 변화를 평가한다면 더 효과적일 것이다. 아이가 정보 수집 및 분석 능력에서 '하' 수준에 머물렀다면 '중'과 '상'에 해당하는 내용을 읽어 주고, 그 내용대로 실천하도록 유도해야 할 것이다. "다른 영역의 자료는 찾아보았니?"라고 물어보는 식으로 말이다.

(1) 정보의 수집 및 분석 능력

　　① 하: 검색한 자료를 그대로 제시하였다.

　　② 중: 하나의 영역에서 자료를 수집하고 제시하였다.

　　③ 상: 자신의 생각을 더하여 자료를 수집하고 제시하였다. 두 개 이
　　　　　상의 영역에서 정보를 수집하여 제시하였다

(2) 통찰력

　　① 하: 질문을 만들 때 하나의 교과 영역만 생각했다.

　　② 중: 질문을 만들 때 두 개의 교과 영역을 생각했다.

　　③ 상: 질문을 만들 때 두 개 이상의 교과 영역을 활용했으며, 교과
　　　　　외 지식도 활용하려고 했다.

신문으로 키우는 정보 문해력

정보가 많을수록 그중에서 자신에게 필요한 정보를 찾아내는 능력이 필요하다. 이 정보 문해력을 아이에게 키워 주려면, 필요한 정보를 찾는 과정, 그리고 찾은 정보를 자신의 관점에 맞게 기존 지식과 결합하여 가공하는 과정을 아이가 관찰할 수 있도록 하는 것이 좋다.

신문이라는 매체를 통해 정보를 전달하는 기자들은 세상에서 벌어지는 사건의 배경과 내용에 대해 자기 나름대로 정보를 찾고, 자신이 이해한 바를 바탕으로 자신의 관점에 따라 새로운 지식을 만들어 낸다. 그런데 같은 사건에 대해서도 사건의 진행, 사건과 사건의 관계에 대한 생각은 신문사마다 다르다. 따라서, 여러 신문을 비교해 보는 것이야말로 정보 문해력 계발의 훌륭한 원천이 아닐 수 없다.

관심이 있는 주제에 관한 정보일수록 더 적극적으로 해석하고, 그 과정에서 더 높은 수준으로 문해력을 발휘할 수 있다. 그러니, 아이가 탐구할 사건을 아이 스스로 정하게 하자. 기자가 탐사 보도를 할 때처럼 말이다. 그리고 그 사건에 관한 정보를 각 신문사 홈페이지에서 검색하도록 유도하자. 이어서, 아이에게 각 신문사의 관점과 정보 활용법의 차이점을 비교해 보라고 질문해 보자. 그리고 내가 기자가 되었다 치고 여러 정보를 어떻게 종합하고

엄마의 질문법

첨삭해서 재구성할지 생각해 보라고 하면, 아이의 정보에 대한 감각과 활용 능력이 눈에 띄게 좋아질 것이다. 다음은 정보를 서로 대비해서 보기 좋은 신문사 사이트들 목록이다. 각 기사에는 지난 관련 기사들도 링크되어 있으니, 상식 확장 및 심층 정보 이해력 향상에도 도움이 될 것이다.

- 동아일보 http://www.donga.com/
- 조선일보 http://www.chosun.com/
- 중앙일보 http://www.joongang.co.kr/

- 경향신문 http://www.khan.co.kr/
- 프레시안 http://www.pressian.com/
- 한겨레 http://www.hani.co.kr/

질문법으로
리더십과 책임감
키우기

"성공하는 사람은 더 나은 질문을 던진다.
그래서 더 나은 해답을 얻게 된다."

_앤서니 라빈스(경영 베스트셀러 『내 안에 잠든 거인을 깨워라』의 작가)

학급회장인 유진이 엄마의 뒤늦은 선택

초등학교 6학년인 유진이의 엄마는 학급회장을 매년 하는 아이가 여간 자랑스럽지 않다. 그래서 다른 사람들 앞에서는 아이 자랑을 잘한다. 이대로만 커 주면 좋은 대학에 가서 남보다 더 빨리 그리고 더 크게 성공을 할 것 같아 뿌듯하다. 하지만 유진 엄마는 충격적인 뉴스를 접하게 되었다. 유진이가 학교에서 본 적성검사에서 리더십 점수가 낮게 나온 것이다.

"적성검사가 이상하네. 매년 학급회장을 도맡아 한 애가 리더십이 없으면 대체 누가 있다는 거야?"

속상한 마음에 처음에는 적성검사를 무시했다. 하지만 가만히 유진이를 살피니 다른 것이 눈에 들어오기 시작했다. 유진이가 집 안에서 보여 주는 모습은 리더십이나 책임감과는 거리가 멀었다. 유진이는 밖에서는 의젓하게 말과 행동을 하지만, 집에서는 떼쟁이다. 그리고 자기 책상을 제대로 치우지 않으며, 엄마가 시키지 않으면 공부도 스스로 하지 않는다.

"이러니까 리더십 점수가 낮게 나오는 거야. 정신 좀 바짝 차리고 엄마 말 좀 들으란 말야. 다 너 행복해지고 성공하라고 하는 말이니까."

그러나 유진이는 그런 엄마의 말을 한 귀로 듣고 곧 흘려 버린다. 엄마가 화났을 때 눈치를 좀 보다가 안 되겠다 싶으면 반짝 말을 듣고, 그렇지 않으면 반항을 했다. 결국 엄마가 방을 치우고, 책상을 치우고, 공부하는 조건으로 상을 내걸 때까지 버티면 된다는 것을 유진이는 잘 알고 있었다.

남들은 국제중학교다 미리 특목고를 준비한다 해서 난리를 치고 있는데, 유진이는 엄마의 눈을 피해 가며 게임을 한다. 모든 것은 자기 마음 먹기에 달려 있으니, 무작정 학원에 집어넣는다고 해결되지 않는다는 것은 그동안의 경험으로 잘 알고 있었다. 어떻게 하면 아이하고 처벌과 보상의 실랑이를 벌이지 않고 아이 스스로 목표를 가지고 계획적으로 생활하며 공부하게 할 수 있을까? 공부를 안 하는 것이나 생활 태도가 성실하지 못한 것도 다 자기 삶부터 당당히 이끌어 가겠다는 리더십이 없어서는 아닐까? 이렇게 생각한 유진 엄마는 아이의 리더십을 키워 주기 위해서 여러 문화센터에서 하는 강연이나 체험 프로그램을 살펴보았다. 그리고 좋다 싶은 것을 골라 아이를 보냈지만, 아이는 생각만큼 쉽게 나아지지 않았다. 강연을 듣고 난 바로 다음 날, 체험을 하고 온 이틀 후까지만 반짝 아이가 변할 뿐이었다.

답답한 마음에 부모교육 프로그램을 신청했다. 그곳에서 전문가에게 "반장처럼 어떤 조직에서 리더 역할을 해야 하는 환경에 노출시킨다고 저절로 리더가 되는 것은 아니다. 팀장이나 CEO가 되어서도 곧 쫓겨나는 사람이 많은 것을 봐도 그렇다. 애초에 리더로서 준비가 되어 있어야 한다"는 말을 듣고서 정신이 번쩍 들었다. 아이가 학급회장 선거에서 이길 수 있도록 도와주면 아이에게 큰일을 해 주는 것이라고 생각했던 유진 엄마가 부끄러워할 만한 내용들이 연이어 소개되었다. 이벤트성으로 아이를 대하면 안 되고, 지속적으로 아이와 상호작용하는 엄마가 리더십을 정확히 이해하고서 적절한 자극을 주지 않으면 안 된다는 전문가 말을 듣고 유진 엄마는 결심했다. 직접 아이의 리더십 멘토가 되기로 말이다.

확실한 경력 개발의 길, 리더십

초등학교 6학년 2학기 국어 교과서 〈살며 배우며〉 단원의 '여러 갈래의 길'이라는 항목에서는 본격적으로 직업 선택을 고민하게 한다. 그러나 사실은 거의 모든 학년에서 수시로 자신의 꿈에 대해서 생각해 보도록 교사들은 유도하고 있다. 그 결과, 초등학교 시절에 적어도 한 번쯤은 미래의 직업 선택과 관련된 숙제를 하게 된다. 그런 숙제를 할 때 자신이 선택한 직업 분야에서 최고의 위치에 선다는 것의 의미를 살펴보게 한다면, 아이는 경력 개발에 대한 생각을 더 튼실하게 키울 수 있을 것이다.

21세기 세상은 기존 시스템과 새로운 요소들이 복잡하게 맞물려 급속도로 변하고 있다. 변화는 기존 지식을 그대로 적용하기 힘든 상황을 많이 만들어 낸다. 그래서 그때그때 창조적으로 자신의 지식을 응용하고 다른 기술을 개발하여 적응하는 기술, 즉 적응력(Flexibility and Adaptability)이 필요하다. 이 적응력은 21세기교육협의회(PARTNERSHIP FOR 21ST CENTURY

LEARNING)에서 선정한 경력 개발 기술(Life and Career Skills)에도 포함될 정도로 중요하다. 그런데 이렇게 적응을 잘한 결과로 얻고자 하는 최종 목표는 무엇일까? 글로벌 경쟁과 정보사회의 변화를 이겨 내어 최종적으로 도달하고자 하는 목표가 무엇인가? 개별 기술에 좀 뛰어나 주위 사람에게 인정받는 데 멈추는 것이 아니라, 평생 성공과 행복을 누릴 수 있는 경력을 개발하여 당당한 사회적 지위에 서는 것이 아닐까?

21세기기술파트너십에서는 21세기에 필요한 기술 중 맨 마지막 기술이자 아이의 인생 전체에 일관되게 필요한 기술로 경력 개발 기술을 선정했다. 그리고 리더십과 책임감을 경력 개발 기술의 핵심으로 놓았다. 다양한 21세기 기술을 아이들에게 익히도록 하는 것은 결국에는 진정한 글로벌 리더가 되게 하려는 것이기 때문이다.

리더는 누구보다도 변화에 민감해야 한다. 아니, 리더란 새로운 변화를 이끌어야 하는 사람이다. 그런 리더가 되자면 불확실한 상황에서 과감히 도전하는 정신을 가져야 하고, 자기 조직을 책임지는 자세 또한 겸비해야 한다. 불확실하니까 아무래도 좋다는 식으로 무모하게 도전을 한다면 그것은 도박이다. 정보를 세밀하게 수집하고 비판적으로 사고를 하고 다른 사람과 의사소통을 활발히 하고 협력을 하고 남다른 통찰을 통해서 창의적인 대안을 만들어 낸 다음에 도전을 해야 책임감 있는 리더로서 성공할 수 있다. 이 성공 요건에는 지금까지 살펴본 21세기 기술이 모두 들어 있다.

리더는 일을 효율적으로 하기 위해 일의 순서를 바꿀 줄 아는 유연성을 갖추어야 하며, 자신에게 쏟아지는 칭찬뿐 아니라 비판까지도 진지하게 수용해서 현명한 대안을 만들 줄 아는 포용력도 갖추어야 한다. 특히 글로벌 시대에는 자기 나라 사람만 만나는 것이 아니라 세계 여러 나라 출신의 사람들과 상호작용을 할 수밖에 없다. 그러므로 문화적 배경이 다른 요소에 대해서도 바로 적응할 수 있는 유연성과, 다양한 문화 환경을 감싸 안아 사람들을 편하게 대할 수 있는 포용력이 있는 사람이 리더의 자리에 오를 가능성이 더 크다. 이러한 미래 지향적 리더의 특징은 전혜성 박사가 여러 도서와 강연을 통해 밝혀 온 진정한 리더십과 통한다.

전혜성 박사는 독특한 자녀 교육법으로 6명의 자녀를 포함해 8명의 가족 모두 11개의 최고 학위를 취득했으며, 1988년 미국 교육부에 의해 '동양계 미국인 가정교육 대상' 수상자로 선정되어 크게 화제가 된 인물이다. 전 박사 자녀들의 면면을 살펴보면, 각자 다른 전공을 통해 자신의 특성에 맞게 성공한 리더로 올라서서 성공과 행복을 함께 얻는 경력 개발을 했음을 확인할 수 있다.

첫째 딸 고경신은 하버드대를 졸업하고 MIT에서 이학박사 학위를 받은 뒤, 중잉대학교 화학과 교수로 재직했다. 중잉대학교 자연과학대학 학장 및 일반대학원 과학학과 학과장을 지냈다. 첫째 아들 고경주는 예일대 의대를 졸업하고 매사추세츠 주 보건후생부 장관을 지낸 뒤, 하버드 공공보건대학원 부학장을 지냈다. 그가 매사추세츠 주 보건후생부 장관 재직 시절에 도입한 의료 시스템은 다른 주에도 모범 사례가 되어 큰 영향을 주었다. 2009년 오바마 행정부의 보건부 차관보로 임명되었다. 둘째 아들 고동주는 하버드대를 졸업한 후 하버드대와 MIT에서 공동으로 의학박사와 철학박사 학위를 받았다. 현재 유능한 의사로 널리 인정받으며 자신의 분야에서 활동하고 있다. 셋째 아들 고홍주는 하버드대 졸업 뒤 영국 옥스퍼드로 유학을 다녀와 하버드 로스쿨에서 법학박사 학위를 받았다. 그 뒤 한국인 최초로 예일대 법대 석좌교수가 되었고, 예일대 로스쿨의 학장으로 일했다. 한국에서는 클린턴 정부 시절에 인권 담당 차관보를 지낸 해럴드 고로 더 잘 알려져 있다. 그가 클린턴 정부 시절에 아이티 난민 문제로 정부와 벌인 법정 싸움은 미국 법조계에서 하나의 전설이 되었으며, 정부가 패소 후에 오히려 소송의 적이었던 그를 아이티 특사로 파견할 정도로 탁월한 능력을 선보이기도 했다. 2009년, 오바마 국무부의 법률 고문으로 임명되었다. 둘째 딸 고경은은 하버드대에서 법학박사 학위를 받고, 콜럼비아 법대 부교수를 거쳐 유색인종 여성으로는 최초로 예일대 로스쿨에서 석좌임상교수로 재직 중이다. 막내 아들 고정주는 하버드대 사회학과를 우등으로 졸업한 후, 보스턴 뮤지엄 미대(Boston Museum of Art)와 뉴욕 비주얼 아트(Visual Arts) 대학에서 미술로 전공을 바꿔 그 분야 최고 학위인 MFA 학위를 받았다. 현재 미술가로 활동하고 있다

전혜성 박사의 자녀 모두 미국 하버드대와 예일대를 졸업했을 뿐 아니라 손주들까지도 명문대에 입학할 수 있었던 배경에는 리더십에 대한 그녀의 남다른 생각이 있었다. 전혜성 박사는 저서 『섬기는 부모가 자녀를 큰 사람으로 키운다』를 통해, 자녀를 진정한 리더로 키우는 교육법을 구체적으로 소개하고 있다. 전 박사는 그저 자기 자녀만 잘 키운 것이 아니다. 1985년 동암문화연구소를 창립해서 자신의 교육법에 따라 수많은 인재들을 배출하고, 그들이 사회 리더가 되는 것을 지원하기도 했다.

전혜성 박사는 남보다 지위가 높다는 이유로 리더가 되려 해서는 안 된다고 말한다. 다른 사람으로부터 존경받고 스스로도 높은 성취감을 느끼

게 해 주는 '진정한 리더십(Authentic Leadership)'을 지향해야 개인도 행복해지고 사회도 발전할 수 있다는 것이다. 전 박사가 수십 년간의 연구와 경험을 바탕으로 얻은, 진정한 리더를 위한 요건은 크게 7가지이다.

첫째 요건은 뚜렷한 목적과 열정이다. 뚜렷한 목적의식과 열정은 원하는 바를 끈기 있게 추구하게 해서, 결국 노력을 통해 기대 이상의 성과를 얻게 하기 때문이다. 두 번째 요건은 역할 완수와 자아실현이다. 자기 몫을 다하지 않는 사람은 리더는 고사하고 올바른 팀원조차 될 수 없다. 그리고 자신이 하는 일을 통해서 자아실현을 하겠다는 의지가 없으면 일에도 소홀해진다. 세 번째 요건은 정체성이다. 자신이 누구인지 명확히 알 때, 타인 앞에서도 당당한 리더가 될 수 있다. 네 번째 요건은 '덕승재(德勝才)'이다. 재주보다는 덕이 중요하다는 말이다. 이 책에서 소개한 21세기에 필요한 기술들을 재주로서만 익힌다면 진정한 리더가 될 수 없다. 다른 사람과 사회를 위하는 진실한 덕을 갖추어야 존경받는 리더가 될 수 있다. 그리고 존경받는 리더는 주위에 조력자가 늘어나 성공을 오랫동안 누릴 수 있다. 다섯 번째 요건은 창의적인 통합력이다. 정보 문해 능력에서 강조했던 것처럼, 정보사회의 리더가 되려면 역동적으로 지식을 구성하고 상황에 맞게 통합 적용할 수 있어야 한다. 여섯 번째 요건은 역사적이고 세계적인 안목이다. 글로벌 시대를 맞아 다른 문화를 접촉할 기회가 더 많아지고 있기 때문에, 다른 문화에 대한 빠른 이해력이 더욱 필수적인 요소가 되었다. 이 능력을 키우려면 어릴 때부터 다른 문화를 경험하는 기회를 많이 가져야 한다. 그리고 단지 접촉 횟수만 늘릴 것이 아니라, 여러 문화를 직접 서로 비교해가며 제대로 이해할 수 있는 기회를 많이 가져야 한다. 마지막인 일곱 번째 요건은 대인관계 능력이다. 이미 의사소통과 협동 기술에서 강조한 바대로 대인관계 능력이 좋아야 뛰어난 사람들의 협조를 얻어 창조적인 조합도 이루어 낼 수 있다.

전혜성 박사가 소개한 진정한 리더십의 요건 중에서 이 책에서 특히 강조하고 싶은 개념은 '덕승재'이다. 경쟁에서 이기려면 일단 재주가 있어야 한다. 하지만 재주가 많다고 리더로서 성공할 수 있는 것은 아니다. 왜냐하면 덕이 있어야 '아, 그 사람이 있으면 뭐든지 잘된다'는 안정감을 주고, 믿음을 주기 때문이다. 자기 재주만 믿고 자기 이익을 추구하는 데 혈안인 사람이라면, 사람들이 진심으로 그를 따를 리가 없다. 사람들이 따르지 않는데 어떻게 올바른 리더가 될 수 있겠는가? 이것은 도덕 교과서에나 나오는 이야기가 아니다. 전혜성 박사의 자녀, 위인, CEO 등의 성공담에서 공통적으로 확인할 수 있는 현실적 결과이다.

그러나 사람들은 재주가 더 중요하다고 생각한다. 왜냐하면 언론에서는 재주를 부려 반짝스타가 된 사람의 성공담은 잘 보도해도, 그가 성공을 거머쥔 다음에 얼마나 쉽게 몰락하거나 제자리걸음을 하고 있는지는 잘 다루지 않기 때문이다. 언론은 늘 화제거리를 찾으며, 계속 새로운 인물을 조명한다. 그러나 언론에 부각되었던 인물도 성공을 오랫동안 가져가는 경우는 그리 많지 않다. 재주로 잠깐 성공할 수는 있어도, 그것을 유지시키는 것은 결국 덕이다. 그리고 덕은 오랜 시간 동안 갈고 닦아야 하는 것이기 때문에 재주만으로는 오래 버티기가 힘들다. 성공한 리더인 듯 보였다가 회계 분식이나 각종 비리와 연루되어 비참한 말로를 보이는 사람이 있는 것도 자기 재주만 믿고 사는 습관에 젖어 있었기 때문이다. 전 세계 경제에 큰 타격을 준 2008년 미국 금융시장 붕괴의 발화점 중 하나였던 리먼 브라더스 사의 파산 배경에는 회계 조작을 지시한 부도덕한 리더십이 있었다. 신뢰를 잃은 리더십은 끝 모르게 추락했으며, 다른 금융 업계의 신뢰마저도 잃게 만들었다. 그리고 엄청난 경제적 손실을 입혔고, 문제의 리더들은 죗값을 치러야만 했다.

정보 기술이 발달함에 따라, 남보다 뭔가를 더 많이 알고 있다는 것은 별 장점이 되지 못한다. 인터넷이나 스마트폰을 이용하면 같은 정보들을 얼마든지 구할 수 있기 때문이다. 그리고 경쟁이 치열해지고 교육 수준이 높아져서 세상에는 똑똑한 사람이 점점 더 늘어난다. 예전에는 일명 '엄친아'나 '엄친딸'로 특별히 분류될 정도의 스펙을 가진 사람이 사회 이곳저곳에서 생겨나고 있다. 그렇게 뛰어난 사람들과 경쟁을 하려면 그저 자기가 재주를 가지고 있는 것만으로는 안 된다. 덕이 있어서 대인관계가 좋아야 한다. 대인관계가 좋아야 정서적 지지를 받아 무한경쟁에도 지치지 않고 열정을 계속 간직할 수 있으며, 개인적 능력의 한계를 벗어나 협력을 통해 성과를 얻을 수 있다.

사람은 많고 일자리는 없다 보니, 인사 담당자의 책상에는 훌륭한 스펙을 자랑하는 이력서가 넘쳐 난다. 그는 지원서에서 무엇을 볼까? 잘난 사람인가, 아닌가? 아니, 잘난 사람은 이미 많이 있다. 신뢰할 수 있는 사람. 인사 담당자는 조직에 공헌할 수 있는 사람을 뽑고 싶은 마음으로 지원서를 살핀다. 일부 유학생이 명문대를 나오고서도 그 나라에서 채용이 되지 않아 귀국을 하게 되는 것도, 그저 재주를 닦는 데에만 몰두한 사실을 오히려 자랑스럽게 지원서에 써넣었기 때문이다. 다른 사람에게 어떻게 봉사를 했고, 어떻게 인정받았으며, 어떤 사회적 비전을 갖고 있는지를 보여 주는 데 실패했기 때문에 객관적인 스펙은 좋은데 결국 돌아올 수밖에 없는 것이다. 한국에서 명문대를 나온 학생들 중에서도 취업을 못 하는 사람이 나오는 것도 마찬가지 이유에서이다. 세상의 경쟁은 재주만 놓고 하는 것이 아니다. 덕으로도 경쟁을 한다.

성적 우수하고 머리 좋은 것만 중요한 게 아니다. 전혜성 박사는 명문대를 졸업한 우수한 한국계 젊은이들이 일류 직장에 들어가더라도 버티지 못하는 사례가 많은 것은 덕이 부족해 대인관계에서 문제를 일으키기 때문이라고 어느 인터뷰에서 밝히기도 했다. 우리는 부모로서 스스로 물어보아야 한다. 아이의 능력 계발을 위해 노력하는 것만큼 덕을 갖추어 주려고 노력하고 있는지 말이다. 자신이 얻은 것에 대해 감사할 줄 모르고, 오로지 경쟁에만 몰두하면서 항상 불안에 떨어야 하는 길로 아이를 이끌고 있는 것은 아닌지. 그리고 그 결과가 리더가 되는 길과도 거리가 멀다면, 아이의 진정한 리더십 계발을 위한 방법론을 진지하게 고민해 봐야 하지 않을까?

자기 점검 포인트

나는 아이를 이른바 엄친아(엄친딸)로 키우고 싶은가, 아니면 진정한 리더의 자격을 갖춘 사람으로 키우고 싶은가?	
나는 아이에게 덕을 강조하는가, 재주를 강조하는가?	
나는 아이가 성공해서 행복한 리더가 될 수 있다고 진심으로 믿고 있는가?	

아이의 리더십을 키워 주는 질문법

리더는 자기 분야에서 전문가로 인정받을 뿐 아니라 다른 전문가까지도 이끌 줄 아는 사람이다. 꼭 정치가, CEO만이 리더가 아니다. 자기 분야에서 최고인 리더 자리에 오르려면, 그 분야의 지식뿐 아니라 여러 사람이 인정하는 넉을 겸비해야 한다. 그 보편적 넉 때문에 나른 분야 사람들도 그를 존경할 수 있는 것이다. 그렇다면 리더로서 갖추어야 할 보편적 덕은 무엇일까?

리더십 연구자와 자기 계발 전문가, 긍정심리학자의 연구 결과에 따르면 세상에는 나라와 문화권의 차이에도 불구하고 공통되는 덕이 있다고 한다. 특히, 저명한 심리학자 마틴 셀리그먼(Martin Seligman)은 동서고금을 막론하고 전 세계에서 성공과 행복을 거머쥔 사람들이 공통으로 보이는 보편적 덕목을 여섯 가지로 정리했다. 지혜, 용기, 겸손, 정의, 자제, 초월. 그리고 각 보편적 덕목과 연결되는 강점, 즉 실천 포인트 24가지를 선정하여 표로 정리했다. 즉, 이러한 강점을 계발해야 아이가 행복하게 성공할 수 있다고 할 수 있다. 24개의 강점을 촉진하는 질문을 차례로 살펴보자.

지혜와 지식	용기
1. 호기심 2. 학구열 3. 판단력 4. 창의성 5. 사회성 지능 6. 예견력	7. 호연지기 8. 끈기 9. 지조
사랑과 인간애	정의감
10. 친절 11. 사랑	12. 시민정신 13. 공정성 14. 지도력
절제력	영성과 초월성
15. 자기 통제력 16. 신중함 17. 겸손	18. 감상력 19. 감사 20. 희망 21. 영성 22. 용서 23. 유머 감각 24. 열정

엄마의 질문법

1. 호기심을 키워 주는 질문

호기심은 새로운 것을 발견하려는 간절한 마음이다. 그 대상이 꼭 새로운 것일 필요는 없다. 『파브르 곤충기』로 유명한 파브르가 다른 사람들이 무심히 보아 넘기던 곤충을 호기심을 가지고 새롭게 바라봄으로써 커다란 업적을 남긴 것만 보아도 그렇다. 아이가 대상을 자신의 시각으로 새롭게 보려는 의지를 가지게 하는 것이 호기심 계발의 핵심이다. 호기심을 촉진하는 질문으로는 다음과 같은 것이 있다. 이때 엄마가 답을 다 알고 있을 필요는 없다. 호기심을 품고서 생각하고 공부할 만한 주제를 주는 것이 질문의 목적이지, 답을 알려 주려고 질문을 던지는 것은 아니다.

"○○○은 어떻게 움직이지?"
"○○○의 안에는 무엇이 있지?"
"○○○은 왜 이렇게 되었을까?"

질문의 내용을 잘 보면 방법(how), 내용(what), 이유(why)가 녹아 있음을 확인할 수 있다. 이 세 가지 요소를 건드리는 질문을 하면 그에 대한 아이의 생각이 촉진될 것이다. 관찰 대상을 그냥 스쳐 지나가듯 보는 것이 아니라 주의를 집중해서 보게 하면, 기본적으로 호기심이 많은 나이라 그다음에는 아이들이 알아서 탐구해 갈 확률이 높다.

2. 학구열을 키워 주는 질문

공부를 하는 것이 자신의 현재와 미래에 도움이 된다고 생각하면 학구

열은 자연스럽게 커지게 되어 있다. 왜 공부하는지 모르고 그저 시키는 대로 하기 때문에 공부할 열정이 생기지 않는 것이다.

"○○ 과목은 어떤 점에서 너에게 도움이 되는(혹은 될) 것 같니?"
"네가 최근 몇 개월 동안 공부한 것 중에 알게 되어서 정말 다행이다 싶
은 것은 무엇이니?"
"네가 일상생활에서 경험한 것 중에 학교 공부를 이해하는 데 도움이 되
는 게 있었니? 있었다면, 무엇이니?"

질문의 내용을 보면 모두 '도움'이나 '효과'를 강조하고 있음을 확인할 수 있을 것이다. 사람은 어떤 질문을 받느냐에 따라 생각이 달라진다. 같은 음식도 "짜냐?"고 물어볼 때와 "달콤하냐?"고 물어볼 때의 반응이 다르다. 날마다 하는 학교 공부에 대해서도 마찬가지다. 긍정적인 표현으로 질문하면, 아이는 공부가 도움이 된다고 느끼게 된다.

3. 판단력을 키워 주는 질문

판단은 결국 어떤 현상이나 문제에 대해서 입장을 정하는 것이다. 그렇다면 여러 사건을 많이 접하면서 자기 입장을 정하는 훈련을 아이에게 시킬 필요가 있다. 같은 사건에 대한 다양한 신문 기사를 비교하면서 읽게 하면, 입장을 정한다는 말의 의미를 아이가 깨닫게 된다. 또한, 논리적으로 타당한 판단을 하는 방법도 아울러 알게 된다. 이 책의 비판적 사고력과 정보 문해 능력 기술에 관한 장에서 소개한 질문들을 결합해서 활용한다

면 판단력이 효과적으로 계발될 것이다.

4. 창의성을 키워 주는 질문

창의성이 사물을 남과 다르게 볼 수 있는 눈에서 시작된다는 점은 제3장에서 이미 강조한 바 있다. 또, 창의성은 유연한 사고이니, 자기 생각부터 비판적으로 바라보고 다른 관점에서 판단해 보는 훈련을 아울러 시키는 것이 좋다. 제3장에서 소개한 사회적 맥락을 강조하는 질문, 차별적인 관점을 강조하는 질문, 깊이 있는 사고를 촉진하는 질문, 시각을 달리하여 보게 하는 상상 촉진 질문, 통합적 관찰을 촉진하는 질문을 적극적으로 활용해 보자.

5. 사회성 지능을 키워 주는 질문

사회성 지능은 대인관계가 중심이 되는 사회성에 관련된 능력이다. 이 책 제5장의 의사소통 기술과 협동 능력에서 소개한 질문이 바로 사회성 지능을 키워 주는 질문이다. 제5장의 공감 능력과 의사소통 능력을 키워 주는 질문을 적극적으로 활용해 보자.

6. 예견력을 키워 주는 질문

예견력은 현재 가지고 있는 정보를 바탕으로 불확실한 미래에 대해서 판단을 내리는 능력이다. 미래는 불확실할 수밖에 없다지만, 현재의 정보까지 불확실하다면 당연히 예견력이 좋을 수가 없다. 현재 구할 수 있는 정보가 명확해야 예견력을 높일 수 있다. 제6장에서 소개한 것처럼 정보 문해 능력에 관한 질문을 체계적으로 던져, 아이가 미래를 좀 더 정확하게 내다볼 수 있는 판단 능력을 갖추도록 해야 할 것이다.

7. 호연지기를 키워 주는 질문

호연지기는 고대 중국의 철학자 맹자가 세 가지 심신 수련법을 말하면서 가장 이상적인 기상으로 꼽은 것이다. 그만큼 도달하기 힘든 덕목이기도 하다. 그 어떤 것에도 굴하지 않는 당당한 마음 상태를 호연지기라고 한다. 영어로는 'a vast-flowing spirit' 이라고 한다. '거침없는 정신'이라는 말이다.

대자연 안에서 마음이 깨끗해지는 상태를 "호연지기를 느낀다"고 표현하는 것도, 마음을 짓누르는 것이 없이 자유로운 기분을 느끼기 때문이다. 그런데 일상생활에서 그렇게 조금도 스트레스나 부끄러움 없이 당당한 기상을 간직하려면 대자연의 움직임처럼 여유를 가지고 순리대로 생활하면서 바른 뜻을 키워 나가야 한다. 이러한 점을 강조할 수 있는 질문들은 다음과 같다.

"네가 스트레스를 받는 것은 원래 그 문제가 심각하기 때문일까, 아니면 네가 여유를 가지지 못하고 조급하게 생각해서 문제가 더 심각해진 것일까?"

"너는 얼마나 주체적으로 네 문제를 해결하고 있다고 생각하니?"

"어려운 문제에 부딪혔을 때 거침없이 돌파하는 사람, 문제를 회피하거나 남이 해결해 주기를 기다리는 사람이 있다면, 너는 누구와 더 가까이 하고 싶니?"

8. 끈기를 키워 주는 질문

끈기를 잃어버리는 것은 현재의 어려움이 더 커 보이고 미래의 성과는 멀어 보이기 때문이다. 다이어트를 결심했을 때에는 날씬한 자신의 모습을 상상하며 마음을 다잡지만, 하루하루 별반 차이가 없는 모습을 거울 속에서 확인하면서 음식의 유혹에 마음이 더 자주 흔들리게 된다. 어디 다이어트뿐인가. "작심삼일"이라는 말이 있을 정도로, 생활의 거의 모든 면에서 아이뿐 아니라 어른도 끈기가 없다.

처음에 계획을 세울 때에는 머릿속이 온통 미래의 성과로 가득해서 무리하다 싶은 계획도 과감히 세우지만, 막상 실천하다 보면 현실에서 부딪히는 작은 시행착오에도 힘들어한다. 따라서, 끈기를 키워 주려면 도덕적 훈계만으로는 부족하다. 원래 목표로 삼았던 미래의 성과를 더 많이 생각하도록 유도해야 한다.

"○○○이라는 목표를 어떻게 하면 더 구체적으로 바꿀 수 있을까?"

"네가 말했던 성과를 이룬 사람이나 그것과 관련된 사건을 최근에 본 적이 있니?"

"성과를 좀 더 구체적으로 느낄 수 있게 그림이나 표어로 나타낸다면 어떻게 될까?"

9. 지조를 키워 주는 질문

지조는 사람에 대해서든 사물이나 행동에 대해서든 처음의 결심을 바꾸지 않는다는 면에서 끈기와 비슷한 점이 많다. 그런데 끈기와는 달리, 지조는 미래의 성과에 대한 생각보다는 자신이 과거에 한 결심 쪽에 생각의 중점이 더 많이 주어진다. 예컨대, 어떤 사람이 지조 있다는 소리를 듣는지 떠올려 보자. 한번 사귀기로 한 사람과 계속 사귀고, 과거에 했던 약속을 잘 지키는 사람이다. 결국, 지조를 키우려면 자신이 과거에 내렸던 판단의 가치를 거듭 상기해야 한다.

"너는 예전에 왜 그런 결심을 했니?"

"네가 ○○ 문제와 관련하여 예전과 같은 점은 무엇이고, 달라진 점은 무엇이니?"

10. 친절함을 키워 주는 질문

친절은 진심에서 우러나와야 아름답다. 그저 잘 보이고 싶어서 친절한 척하는 사람은 결국 대인관계에서 성공할 수 없다. 친절은 상대방을 진심으로 존중하고 배려하는 마음이 바탕이 될 때 가장 효과적이다. 그렇다면, 겉으로 드러난 행동만을 지적하거나 확인하는 질문보다는 존중과 배려의 마음을 자극하는 질문을 해야 할 것이다.

"너는 그 아이를 어떤 면에서 특히 존중해야 한다고 생각하니?"

"그 아이의 장점은 무엇이니?"

"너는 그 아이에 대한 존중심을 어떤 행동으로 표현하고 있니? 그리고 그 아이는 너를 어떻게 존중해 주고 있니?"

11. 사랑을 키워 주는 질문

사랑의 기본은 받는 게 아니라 주는 것이다. 누군가를 사랑한다면서 자신이 받을 몫을 계산하는 것은 진정한 사랑과는 거리가 멀다. 이성 간의 사랑뿐 아니라 가족, 친구, 이웃 등과의 사랑에서도 상대방에게 좋은 것을 기꺼이 먼저 줄 수 있는 마음을 가지는 것이 아주 중요하다. 뭔가 받기를 기대하고서 주는 것이라고 상대방이 느낀다면, 그는 사랑받는다는 생각보다는 이용당한다는 생각을 더 많이 하게 될 것이다.

"그 사람이 필요로 하는 것은 무엇이니? 너는 그것을 어떻게 줄 수 있겠
　니?"
"네가 가지고 있는 좋은 것 중에서 그 사람과 나눌 수 있는 것은 무엇이
　니?"

12. 시민정신을 키워 주는 질문

21세기교육협의회에서 강조하는 세부 기술에도 시민정신에 관한 내용이 들어 있을 만큼, 앞으로는 건전한 시민정신이 한 사람의 개인적 능력을 판단하는 데 중요한 기준으로 작용할 것으로 보인다. 건전한 시민정신은 사회 안정을 위해서도 꼭 필요하다. 그것 없이는 집단이 위험에 빠지거나 도태되기 때문이다. 안정보다는 빠른 속도를 추구하다 침몰한 타이타닉호의 사례와, 부품에 결함이 있다는 사실을 알면서도 건전한 비판에 귀를 기울이기는커녕 오히려 조직적 은폐로 참사를 일으킨 챌린저호의 사례에서, 우리는 문제가 있을 때 결코 방관하지 않는 시민정신이 얼마나 필요한지 확인

하게 된다. 앞으로는 여러 문화적 배경을 가진 사람들이 이웃해서 하나의 공동체를 이루고 살 확률이 갈수록 커질 터이므로, 다양성을 존중할 줄 아는 건전한 의식을 가진 사람이 더 환영받을 수밖에 없다. 시민정신이라면 왠지 거창한 것 같지만, 공동의 문제에 대해서 방관하지 않고 적극적으로 참여하려는 자세가 바로 시민정신이다. 그러므로 이런 자세를 촉진하는 질문을 하는 것이 핵심이다.

> "최근에 벌어진 ○○ 사건에 대해서 너는 어떻게 생각하니?"
> "○○ 문제에 대해서 너는 문제해결에 도움이 되는 어떤 행동을 할 수 있겠니?"
> "○○ 일이 벌어졌을 때 너는 무엇을 하고 있었니? 무엇을 했어야만 했을까?"

13. 공정성을 키워 주는 질문

전 세계적인 베스트셀러인 마이클 샌델(Michael Sandel)의 『정의란 무엇인가』의 성공이 말해 주듯이, 사람들은 정의와 공정성에 목말라 있다. 이 책의 성공은, 만일 어떤 사람이 정의롭고 공정하다면 사람들이 그를 신뢰하고 따를 확률이 높다는 것을 말해 주는 것이라고 할 수 있다. 특히, 보통 사람보다 더 큰 권력을 가진 리더의 경우, 권력을 사리사욕을 위해 쓰고 싶은 유혹에 빠지기 쉽다. 그래서 리더에 대해서는 '공정성'이라는 잣대를 더욱 엄격하게 적용할 필요가 있다. 공정하다는 것은 다른 사람의 공적과 잘못을 정확히 판단해서 그에 알맞은 대우를 할 수 있다는 것을 뜻한다. 그리고 자신에게 잘못이 있는 경우에도 그것을 솔직히 인정하고 책임을 질 수 있어야 진정한 리더가 될 수 있다. 다음은 공정성에 관한 질문들이다.

"이 일에 대해서 누구에게 어떤 책임이 있지?"

"이 문제와 관련하여 처벌을 받거나 상을 받아야 하는 사람은 누구일까? 그리고 그래야 하는 이유는 무엇이지?"

14. 지도력을 키워 주는 질문

지도자인 리더는 말 그대로 지도력이 있어야 한다. 그런데 지도력은 질문력에서 나온다. 하버드대 교수이자 리더십 전문가인 존 코터(John Kotter)는 유능한 리더와 팀장의 차이가 바로 질문력에 있다고 밝혔다. 즉, 리더는 올바른 질문을 다른 사람에게 해서 변화를 촉진하는 데 집중하는 반면에, 팀장은 다른 사람이 한 질문에 대한 답을 만드는 일에 매달린다는 것이다. 존경받는 리더들이 촌철살인의 날카로운 질문으로 직원들을 긴장시킨다는 공통점을 가지고 있는 것은 우연이 아니다. 경영학의 최고 멘토인 피터 드러커(Peter Drucker) 박사에 따르면, 유능한 리더는 공통적으로 다음과 같은 질문을 한다.

"문제해결을 위해 무엇이 필요할까? 무엇을 해야 할까?"

일방적으로 지시하는 것이 아니라, 다른 사람에게 능동적으로 문제해결 방향을 찾도록 촉진하는 것이다. 그리고 가장 지위가 높은 자신이 문제 해결을 위해 무엇을 도와주어야 하는지 물어보는 것이다. 자원 배분에 관한 권한을 가진 사람이 바로 리더라는 사실을 깨닫게 하려는 의도도 이 질문 안에는 녹아 있다. 이렇듯, 리더는 적절한 질문을 통해 부드럽게 자신의 지도력을 보여 줄 수 있다.

15. 자기 통제력을 키워 주는 질문

리더는 사람들의 시선을 한 몸에 받는 위치에 있는 사람이다. 그런데 순간적 감정에 따라 일관되지 못한 행동을 한다면 신뢰하지 못할 사람으로 평가받을 것이다. 그래서 자기 감정과 욕구를 잘 통제하는 능력은 필수적이다. 자기 통제력을 가지려면 일단 자신이 통제하려는 감정과 욕구를 잘 인식하고 사회적으로 바람직하게 그것들을 조절하는 훈련이 되어 있어야 한다. 이런 점을 생각하게 하는 질문은 다음과 같다.

"지금 네 기분은 어떤 것 같니?"
"화가 나거나 기분이 좋다는 이유로 서둘러 판단을 내렸다가 손해 본 적
은 없었니?"

16. 신중함을 키워 주는 질문

리더는 최종 결정권자이기 때문에 성격이 급하면 위기에 빠지기 쉽다. 평소에도 신중하게 생각하는 습관을 들여야 한다. 세계적 자동차 회사인 도요타는 한 문제에 대해서 5번 연속해서 "왜?"라는 질문을 던지며 생각한다는 '5 why' 기법으로 큰 효과를 보았다. 꼭 5번이어야 하는 것은 아니다. 여

러 번 왜라는 질문을 던지며 깊이 생각하는 것이 핵심이다. '5 why' 기법을 활용한 질의응답의 예는 다음과 같다.

"지구 온난화가 왜 계속 심해질까?"

⋯ 환경 공해 때문이다.

"환경 공해는 왜 계속 심해질까?"

⋯ 무분별한 개발과 오염 물질 배출 때문이다.

"무분별한 개발과 오염 물질 배출은 왜 계속될까?"

⋯ 환경에 대한 피해를 생각하지 않고, 사람들이 지금 당장 하고 싶고 누리고 싶은 것만 생각하며 개발하고 소비하기 때문이다.

"사람들은 왜 무분별한 개발과 소비를 그만두지 못할까?"

⋯ 방송에서 화려한 삶을 많이 보고 따라 하려 하기 때문이다.

"왜 방송에서는 그런 삶을 많이 보여 주는 것일까?"

⋯ 시청률을 높이는 데 자극적인 내용이 더 효과적이기 때문이다. 또, 그런 방송 프로그램에 기업들이 스폰서로서 물품을 대 주고 광고도 해서 방송사에 이익을 안겨 주기 때문이다.

17. 겸손함을 키워 주는 질문

"벼는 익을수록 고개를 숙인다"는 속담이 있다. 반대로, "빈 수레가 요란하다"는 속담도 있다. 겸손은 자신감 없음의 표현이 아니다. 실력이 있어야 진짜로 겸손할 수도 있다. 겸손한 삶의 자세를 촉진하는 질문들은 다음과 같다.

"어떤 아이가 자기 자랑을 할 때 너는 어떻게 반응했니?"

"혹시 남이 묻지도 않았는데 자기 자랑을 한 적은 없니?"

18. 감상력을 키워 주는 질문

슬픈 것을 슬프다 느끼고 기쁜 것을 기쁘다 느끼는 것은 지극히 자연스러운 일인 듯하지만, 상황을 정확히 평가할 줄 알아야 하므로 힘든 일이기도 하다. 감상력이 없으면 다른 사람과 함께 슬퍼해야 할 일, 기뻐해야 할 일에 적절한 감정 표현을 못 해 대인관계에 문제를 일으킬 수 있다. 그뿐이 아니다. 자신의 삶을 풍요롭게 하기 위해서도 여러 감정을 제대로 느끼는 능력이 필요하다. 이러한 감상력을 촉진시킬 수 있는 질문은 다음과 같다.

"○○은 기쁜 일에 가까울까, 슬픈 일에 가까울까?"

"그 아이가 느낀 감정은 어떤 것이었을까?"

"네가 그때 느낀 감정을 다른 일에서도 느낀 적이 있니? 있다면, 어떤 일
　이었니?"

19. 감사하는 마음을 키워 주는 질문

성공한 사람들은 운이 좋았다고 말을 한다. 그리고 수상 소감을 밝히는 연예인처럼 여러 사람들에게 감사를 표하기 바쁘다. 세상 사람들이 아무 생각 없이 그 사람에게 고마운 일을 벌이는 것은 아닐 터이다. 그 사람이 그렇게 감사할 줄 알기 때문에 다른 사람들이 도와주는 것이다. 남에게 감사할 줄 아는 사람일수록 스스로 운이 좋다고 느끼기 쉽고, 행복을 느낄

기회도 그만큼 많아진다. 감사는 받는 상대편에게도, 하는 내게도 두루 좋은 일인 것이다. 감사하는 마음을 키워 주는 질문은 다음과 같다.

"오늘 네가 겪은 일 중에서 가장 감사할 만한 일을 한 가지만 말해 볼래?"

"가족 이외의 다른 사람에게 너는 고마움을 어떻게 표현하고 있니?"

"사람들은 어떻게 감사 표현을 할 때 가장 만족스러워할까? 네가 다른 사람에게 도움을 주었을 때, 그 사람이 어떻게 고마움을 표시하면 진실되다고 생각할 것 같니?"

20. 희망을 키워 주는 질문

누구나 인생에 힘든 일이 없기를 바란다. 그러나 살다 보면 누구나 힘든 일을 겪게 된다. 힘든 일에 처했는데도 아무 느낌이 없다면 정신적인 문제가 있는 것이다. 힘든 일을 힘들다고 느끼는 것은 당연하다. 하지만 그렇게 좌절만 하고 있으면 인생이 비침해진다. 그래서 희망을 찾아 마음을 추슬러 다시 열심히 움직일 줄 아는 능력이 필요하다. 그러한 마음을 키워 주는 질문은 다음과 같다.

"네가 처한 상황에서 용기를 주는 가사를 가진 노래로는 어떤 것이 있을까?"

"어려움을 딛고 멋지게 성공한 사람으로는 누가 있지? 그 사람이 했던 행동 중에 네가 따라 할 만한 것은 무엇일까?"

21. 영성을 키워 주는 질문

영성이라는 말은 꼭 종교와만 관계가 있는 것은 아니다. 영성은 심오한 정신적 가치를 뜻한다. 눈에 보이는 것만 추구하기 쉬운 아이에게 정신적 가치와 같은 심오한 세계도 있음을 일깨운다면, 진실된 삶을 사는 행복을 선사할 수 있다. 그리고 진실되게 살아갈수록 주위 사람들의 인정을 받아 리더가 될 가능성도 그만큼 커진다.

"너는 사람들이 마음속에 소중하게 간직하고 있는 가치들이 무엇이라고
생각하니?"
"사람은 죽으면 어떻게 될까?"
"어떤 삶이 행복한 삶일까?"

22. 용서하는 능력을 키워 주는 질문

사람들은 엄격한 리더를 무서워하며 그의 지시를 따른다. 하지만 진심으로 따르지는 않는다. 이것이 독재자들이 몰락하는 이유이기도 하다. 한편, 포용력이 많아 다른 사람이 실수를 해도 용서를 잘하는 사람은 주위에 사람이 넘친다. 그가 매섭게 질책을 하지 않아도 사람들은 오히려 눈에 보이지 않는 곳에서까지 더 잘하려 노력한다. 용서의 마음은 자기도 다른 사람처럼 실수를 하기 쉬운 불완전한 존재임을 깨닫는 데에서 생겨난다. 자기는 실수를 할 리가 없고 다른 사람은 뭔가 모자라서 실수를 하는 것이라 여기면, 남의 실수에 너그러워질 수가 없다. 또, 자기 실수는 어쩔 수 없는 상황 때문에 발생한 것이지만, 다른 사람의 실수는 원래 그 사람이 결함이 있어

엄마의 질문법

서 그런 것이라며 이중 잣대를 들이대는 것도 문제이다. 사람은 완벽할 수 없기에 언젠가 실수를 하게 되어 있다. 그때마다 사람을 내친다면 친밀한 관계를 만들 수 없다. 친밀한 관계가 없는데 어떻게 의사소통을 잘하고, 협력을 통해 좋은 성과를 낼 수 있겠는가? 아이의 미래를 위해, 다음과 같은 질문으로 평소에도 포용력을 키워 주어야 한다.

"다른 사람이 네게 한 실수 중에 너도 다른 사람에게 범한 실수로는 무엇이 있니?"

"그 사람은 왜 그런 실수를 한 것일까? 그럴 만한 이유가 있었던 것은 아닐까?"

"그 사람을 용서하는 것이 이익일까, 혼내는 것이 더 이익일까?"

23. 유머 감각을 키워 주는 질문

사람들은 재미있는 사람을 좋아한다. 유머 감각은 자기를 기분 좋게 할 뿐 아니라 다른 사람도 기쁘게 해 주는 행복의 요소이다. 그런데 유머는 대부분이 재치 넘치는 반전 요소를 포함하고 있다. 진지하게 남을 혼내던 사람이 뒤로 돌아섰을 때 보니 맨 엉덩이가 드러난 바지 차림이더라는 식으로 말이다. 유머 감각을 갖추려면 이러한 반전 요소를 살려 쓸 줄 아는 통찰력과 순발력이 있어야 한다. 다음은 유머 감각을 키우는 데 도움이 되는 질문들이다.

"요즘 들은 재미있는 이야기로는 어떤 것이 있니?"

"지난번에 본 개그 코너를 네가 더 재미있게 바꾼다면 어떻게 할 수 있겠
   니?"

24. 열정을 키워 주는 질문

   열정은 어떤 일을 끝까지 완수하게 하는 원동력이다. 그것도 억지로 하는
것이 아니라 최선을 다해서 즐겁게 하게 하는 에너지원이다. 사람들은 일이
잘 진척되고 있다고 느끼거나 주위 사람에게 지지를 받고 있다고 느낄 때
더 신이 나면서 열정이 최고조에 이른다. 반대로, 지금 하는 일이 헛된 일
이라고 느끼면 열정은 금방 식어 버린다. 그러므로 아이에게 목표를 끝까지
추구할 수 있는 열정을 품게 하려면, 적절한 질문으로 도움을 주어야 한다.

   "네가 이번에 이렇게 더 발전하게(진전을 보이게) 된 계기는 무엇이니?"
   "내가 도와줄 일은 무엇이니?"
   "엄마는 네가 정말 대견스러워서 남들에게 자랑하고 싶은데, 요즘에 어떻
   게 노력하고 있는지 자세히 말해 줄래?"

성공한 리더에게 배우는 질문법

조지워싱턴대 인적자원개발학과 마이클 J. 마쿼트 교수는 저서 『질문 리더십』을 통해 성공한 리더들의 질문법을 소개했다. 그중에서 아이가 학교생활이나 일상생활에서 활용할 수 있는 것을 따로 모아 아이의 상황에 맞게 질문 내용과 설명을 적절히 바꾸어서 정리해 보면 다음과 같다. 아이가 어떤 일을 할 때 자기 생각을 점검하는 체크리스트로 활용하게 하자. 성공한 리더들에게 직접 가르침을 받는 듯한 느낌도 들고 해서, 리더십을 키우는 데 큰 효과가 있을 것이다.

1. 실행 가능한 대안은 무엇인가요?

리더는 신입 팀원과 달리 그저 궁금한 대로 질문하는 사람이 아니다. 유능한 리더는 문제를 파악해서 결국 문제를 해결하기 위해 질문을 한다. 학급 회의, 토론, 일상의 대화 속에서 아이가 문제해결의 대안을 찾는 것에 초점을 맞추어 날카로운 질문을 하고 스스로도 그에 대한 생각을 많이 한다면, 주위 사람들은 아이의 말에 집중할 것이다.

2. 제안한 대안의 장단점은 무엇인가요?

대안을 비판적으로 분석하고자 하는 질문이다. 다른 사람이 내놓은 해결책을 그대로 받아들여서는 주체적인 리더가 될 수 없다. 장단점을 스스로 분석하거나 제안자에게 물어서 그의 생각을 자기 나름대로 이해하려고 노력해야 한다. 이 질문은 상대방이 별 생각 없이 아이디어를 내놓는 것을 방지할 수 있다는 면에서도 효과적이다.

3. 왜 꼭 이런 식으로 하지요?

많은 사람들이 계속 그렇게 해 왔다는 이유만으로 예전 방식대로 일을 한다. 창의적 문제해결은 그런 관습적인 일 처리에서 벗어나려는 노력에서 시작한다. 고정관념에서 탈출하게 하는 이런 질문을 한다면, 창의성을 자극하는 리더로서 한걸음 더 나아가게 될 것이다.

4. 이 일과 관련해서 우리가 배울 점은 무엇인가요?

일을 하다 보면 성공할 때도 있고 실패할 때도 있다. 성공했다는 이유로 과정을 꼼꼼히 되새기지 않고 흥에 겨워 넘어가면, 다음번에 비슷한 문제 상황이 벌어졌을 때 재빨리 체계적으로 해결할 수 없다. 어떤 성공에든 반드시 모자란 점이 있기 마련이다. 개선할 점을 고민하고 대안을 만들어야 진정한 성공 노하우를 쌓게 되는 것이다. 그저 성공 경험만 많아서는 시시각각으로 예기치 못한 방향으로 변화하는 상황에 적절히 대처하기 힘들다. 성공 노하우가 많아야 한다. 과거에 성공했던 기업이나 조직이 갑작스레 망할 수도 있는 시대에 살고 있음을 잊지 말아야 한다.

실패했다면 더더욱 그로부터 배울 점을 생각해야 한다. 개선할 점을 찾지 못하면 실패라는 비싼 수업료를 지불한 것이 더 아까워지기 때문이다. 실패로부터 교훈을 얻어 다음 위기를 극복하게 된다면, 예전의 실패는 오히려 성공의 발판이 될 수도 있다. 실패의 순간에 용서를 전제로 "무엇을 배울 수 있나요?"라고 묻는 리더의 말에서, 우리는 포용력과 현명함을 느끼게 된다.

5. 이 일의 목적은 무엇인가요?

최종 목표에 집중하게 하는 것은 최고 수준의 통찰력이 있는 리더가 해야 하는 일 중 하나이다. 목표와 일의 관계를 생각하게 하고, 최종적으로 성취하고자 하는 것에 대한 열정을 다시 북돋울 수 있는 질문을 하자. 이 질문과 더불어 "이 일을 하면 목표 달성이 더 빨라질까요?"와 같은 효율성에 관한 질문을 한다면, 더 정확한 일 처리를 유도할 수 있을 것이다.

6. 이번 일을 하면서 가장 좋았거나 신났던 일은 무엇인가요?

일이란 것은 즐거움보다 고통과 고민에 더 가까운 이미지를 가지고 있다. 그러나 이런 질문을 받은 사람은 머릿속에서 긍정적인 이미지와 연관된 자신의 경험을 찾게 되고, 그 결과로 머릿속에서는 긍정적인 이미지가 더욱 강화된다. 리더는 혹독하게 일을 시키는 사람이 아니다. 사람들이 긍정적인 생각으로 더 열심히 일을 하도록 촉진하는 사람이다. 긍정성을 강조하는 질문을 자주 던지는 리더가 되자. "왜 이 일이 마음에 들게 되었나요?"나 "이번에 더 효과가 있었던 이유가 무엇인가요?"처럼, 질문의 내용은 조금씩 바꾸어도 된다. 중요한 것은 긍정적인 단어를 쓰는 것이다.

7. 우리 함께 몇 가지 사항을 검토해 볼까요?

유능한 리더는 팀원과 자기를 구분하는 단어보다는 '우리', '함께' 등의 단어를 써서 친밀감을 느끼도록 한다. 자기는 가만히 있으면서 급우들에게 일을 시키는 반장과, 함께 일을 하자며 나서는 반장 중에서 누가 더 21세기에 맞는 리더십이 있어 보이는지 생각해 보자. 말을 보면 그 사람의 생각을 알 수 있다. 리더가 평소에 공동체임을 강조하는 단어를 쓴다면, 그를 따르고자 하는 팀원들의 마음도 커질 것이다.

8. 이것이 최선의 방법인가요?

대안을 만들기에 급급한 사람들은 정보검색을 제대로 하지 못한다. 다른 전문가가 내놓은 해결책이 훨씬 좋을 수 있는데도, 자기 생각의 벽에 갇힌 채 자기 역량에만 의지하려고 한다. 이럴 때는 리더로서 현명한 정보 수집을 촉진해야 한다. "이런 말도 안 되는 것을 가져오다니, 다시 해!"라고 꾸짖으면, 듣는 사람은 사기가 떨어지고 다음에 무엇을 해야 할지 갈피를 못 잡게 된다. "최선의 방법은 무엇인가요?"라고 물어야, 더 나은 대안을 찾으려는 동기가 생겨난다.

9. 당신은 이번 일에 어떻게 기여했나요?

이미 협력에 관한 제5장에서 소개를 한 바이지만, 현대사회는 개인적 역량만으로는 해결할 수 없는 문제들로 가득하다. 다른 사람들과 팀을 이루어 공동 과제를 해결해야 하는데, 리더로서 공동 과제에 대해 공정한 판단을 하지 못한다면 유능한 리더로 인정받을 수 없다. 이 질문은 그런 판단의 기초 자료를 수집하는 데 목적이 있다. 또한, 팀원들의 적극적인 협력을 유도하기 위해서도 공헌도를 묻는 질문으로 긴장감을 유지시키는 것이 좋다.

10. 이번 일을 설명할 때 육하원칙에 따른 질문들에 모두 답을 할 수 있나요?

어떤 일을 잘 알고 있다는 것은 '누가, 언제, 어디서, 무엇을, 어떻게, 왜'라는 육하원칙에 따른 질문들에 답을 할 수 있다는 것이다. 리더가 팀원에게 육하원칙에 따라 이야기하도록 했는데 어물쩍 넘어가려는 부분이 있다면, 그에 대해서 다시 육하원칙으로 더 자세히 설명하도록 하는 것이 좋다. 그래야 리더는 종합적인 설명을 들으면서 문제가 발생할 수 있는 요소를 미리 점검할 수 있고, 질문을 받은 사람은 자신의 준비성과 이해도를 점검할 수 있다. 육하원칙에 따라 질문을 쪼개서 하는 것도 한 방법이다. 예컨대, "이 일에서 가장 중요한 것은 무엇인가요?", "왜 이 일을 하려는 것인가요?" 식으로 말이다. 이때 무엇, 왜, 어떻게 등의 단어를 사용해서 한 번씩 질문하는 것으로 끝내면 안 된다. 문제 해결을 위해서는, '왜'에 대한 답변을 듣다가 의문이 들면 '무엇'이나 '어떻게' 등에 대해서 더 자세히 물어보아야 한다.

리더십 계발에 도움이 되는 참고 자료와 활동들

어린이를 위한 리더십: 세상을 이끄는 힘

서지원 글 / 김무연 그림 | 위즈덤하우스

초등학교 4학년이나 독서력이 아직 충분하지 않은 초등학교 고학년생이 읽으면 좋은 책이다. 평범한 주인공이 큰 시련을 겪고 좌절하고 방황하며 반항하다가 결국 리더로 성장하는 이야기를 통해 리더십을 기르는 방법을 익힐 수 있도록 구성되어 있다. 책 속에는 이미 잘 알려진 여러 리더들의 이야기도 함께 담겨 있어 역할 모델도 찾을 수 있다. 그중에서 아이가 관심을 보이는 인물의 자서전이나 에세이, 평전을 구해서 읽히는 것도 좋다.

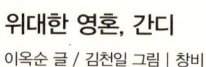

위대한 영혼, 간디

이옥순 글 / 김천일 그림 | 창비

전 세계 리더들이 존경하는 인물, 간디. 그러나 간디는 젊은 시절까지는 덕을 쌓기보다는 일신의 행복과 성공을 위해 재주를 추구했던 인물이었다. 그런 그가 영국 유학을 마친 변호사로서 안정된 삶을 버리고 타인을 위해 헌신하게 된 계기는 무엇일까? 그리고 어떻게 최고의 리더 자

엄마의 질문법

리에 올라가게 되었는가? 여러 호기심 포인트를 빼놓지 않고 어린이 독자가 읽기 쉽게 간디의 일대기를 소개하고 있다. 아이 스스로 덕을 쌓는 리더에 대한 생각을 키우는 데에 좋은 책이다.

세상을 바꾼 용기 있는 아이들
제인 베델 지음 / 김선봉 옮김 / 김순금 그림 | 꼬마이실

세상을 변화시키는 리더가 되려면 많은 '스펙'을 쌓아야 할 것 같다. 하지만 어린이도 세상을 바꾸는 리더가 될 수 있다. 리더로서 가장 중요한 자질은 자기 신념을 믿고 실천하는 용기임을 느끼게 하는 책이다. 이 책에 나오는 21명의 아이들의 이야기에는 성공과 실패가 섞여 있다. 하지만, 스티브 잡스가 강조했듯이, 비록 실패할지라도 도전할 줄 아는 자세야말로 리더가 갖추어야 할 덕목임을, 이 책은 아이의 눈높이로 가르치고 있다.

어린이를 위한 가난하다고 꿈조차 가난할 수는 없다
김현근 원작 / 김은영 글 / 강우리 그림 | 사회평론

이 책의 가장 큰 장점은 주인공 김현근 군의 실제 이야기에 완전히 감정이입을 해서 읽을 수 있다는 것이다. 주인공은 처음부터 스스로 꿈을 만들어 나가는 인물은 아니었다. 어린아이가 대체로 그렇듯이, 허무맹랑한 꿈을 꿀 뿐이었다. 그런데 그랬던 주인공이 실제로 꿈을 멋지게 실현한다. 엄마와 아이가 함께 읽으면 아이의 미래를 위해 각자 무엇을 해야 하

는지 바로 깨닫게 된다. 물론, 아이와 엄마의 특성에 따라 깨달음의 내용과 성격은 달라질 수 있다. 그것이 무엇이든, 구체적인 실천 계획까지 연결되기를 바란다.

어린이 NGO, 빌라알 이야기:
배려와 나눔, 봉사를 통해 글로벌 리더십 키우기!
빌라알 라잔 지음 / 고은광순 옮김 / 임영란 그림 | 명진출판 | 원서: Making Change

　캐나다 유니세프 어린이 대표 빌라알이 나눔을 통한 리더십을 이 책을 통해 이야기하고 있다. 아주 구체적인 실천법을 담고 있어, 아이들이 자신이 원하는 변화를 이루기 위해 어떻게 해야 하는지(꼭 빌라알처럼은 아니더라도) 깨닫게 해 준다. 또한, 책의 부록인 '스스로 체크하며 목표를 이루게 하는 나만의 실행 노트'에 있는 질문들에 대한 답을 하나씩 채워 가는 것도, 아이가 꿈을 스스로 찾아 나가는 데 도움이 될 것이다.

부록

질문 자기 점검표

부록 활용법

이 책에는 아주 많은 질문들이 수록되어 있다. 서로 다른 능력을 키우기 위한 질문으로 소개되어 있지만, 21세기 리더가 되려면 이 모든 질문에 의해 생각과 기술을 골고루 발전시킬 필요가 있다. 그래서 부록에 각 장에 소개된 질문들을 모두 실었다. 이 질문 목록을 활용하는 방법은 다음과 같다. 세 가지 중에서 자신에게 가장 적합한 방법을 선택해 활용하시기 바란다.

1. 질문 일기처럼 활용하기

···▶ 이 책을 읽고 이해한 바를 바탕으로, 부록에 제시된 순서대로 아이에게 질문을 한다. 질문 내용을 돌아보면서 개선할 점을 각 페이지 맨 아래 빈칸에 쓰거나 집에 있는 노트에 계속 정리해 보자. 그리고 아이가 각 질문에 대해 보였던 반응 중에 특기할 만한 점을 간단히 기록해 두자. 아이가 아기였을 때 썼던 육아일기와는 또 다른 성장의 기록이 될 수 있다.

2. 질문 통계표처럼 활용하기

⋯ 각 질문의 옆에 있는 빈칸에 그 질문을 활용한 빈도, 즉 사용한 횟수를 연필로 적는다. 처음 썼으면 1, 그다음에는 2라는 식으로 계속 업데이트를 해 주는 것이다. 왜 그래야 하는 것일까? 물론, 엄마로서는 아이에게 모든 사고력 영역에 관한 질문을 고루 해 주려 애쓰겠지만, 상황에 따라서는 특정 영역의 질문만 반복하게 될 수도 있다. 그럴 때, 나중에라도 그동안 소홀했던 질문들을 아이에게 해 주어야 아이의 능력이 고루 발달해서 이 책의 의도에 맞게 글로벌 리더로 자라날 수 있다. 한 달 동안 이 책의 안내에 따라 질문을 해 보고, 확인 결과 빈도수가 낮은 질문이 있다면 따로 모아서 차례대로 아이에게 질문해 보자.

3. 맞춤식 질문 연습장으로 활용하기

⋯ 책에 나오는 질문 내용을 내 아이에 맞게 바꿀 아이디어가 생각났다면 바로 메모해 두는 것이 좋다. 식성에 따라 요리가 달라져야 히 듯이, 질문의 내용도 아이를 가장 잘 관찰할 수 있는 엄마의 판단에 따라 아이에게 맞게 바꿀 수 있어야 한다. 또한, 아이가 거꾸로 엄마에게 한 질문 중에서 쉽게 답하지 못한 질문이 있다면, 각 페이지 맨 아래의 커다란 빈칸에 써 놓았다가 나중에 아이에게 되물어 보자. 아이의 생각을 거쳐서 나온 질문이기 때문에 아이가 질문의 의도를 더 잘 이해할 수 있고, 최고 수준의 인지 능력인 '자기 생각에 대한 생각', 즉 초인지(metacognition)를 발달시킬 수 있다.

* 엄마의 질문법 5계명 *

1. 잘못된 단서를 주지 말라!

2. 단서를 너무 직접적으로 주지 말라!

3. 아이가 예/아니오로 짧게 답하지 않도록 하라!

4. 아이의 발달 눈높이에 맞는 질문을 하라!

5. 정답이 있다고 생각하지 말라!

• 창의력을 키워 주는 엄마의 질문법

	질문 횟수
• 사회적 맥락을 생각하게 하는 질문 "지금 보고 듣고 느끼는 것을 다른 사람에게 설명한다면 어떻게 전달할 수 있겠니?"	회
• 차별적인 관점을 강조하는 질문 "다른 사람이 보는 것과 다른 너만의 의미를 찾았니?"	회
• 깊이 있는 사고를 촉진하는 질문 "지금 관찰하고 있는 것과 연관될 수 있는 것으로는 무엇이 있지?"	회

아이의 반응:

아이의 질문:

엄마의 질문법

- **시각을 달리하여 보게 상상을 촉진하는 질문**

  "이걸 ~하게 바꾸어 보면 어떻게 될까?"

  회

- **통합적 관찰을 촉진하는 질문**

  "이것과 합쳐져서 하나가 될 수 있는 것은 무엇일까?"

  "전체를 부분으로 나누어 볼래? 단, 무조건 잘게만 나누지 말고 의미 있는
  단위로 말이야."

  회

• 비판적 사고력과 문제해결력을 키워 주는 엄마의 질문법

- **신문 기사에 적용할 수 있는 비판적 사고력 계발을 위한 질문 리스트**

  1. 지금 읽은 글이 전제와 결론으로 이루어진 논증으로 되어 있는가?

  회

  2. 논증이라면 주장하고자 하는 바는 무엇인가?

  회

  3. 논증으로 재구성한 기사 내용이 주장이 되기에는 너무 무후하지 않은가?

  회

  4. 기사의 주장에 사실을 왜곡하는 단어들이 들어 있지 않은가?

  회

  5. 왜곡어가 쓰였다면, 그것을 중립적인 표현으로 바꾸어 읽는다면 주장이
  어떻게 달라 보이는가?

  회

질문 고쳐 보기:

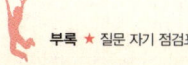

6. 첫 전제에서 최종 결론에 이르기까지, 각 주장이 단계적으로 잘 전개되어 있는가?	회
7. 기사의 핵심 주장과 명백하게 반대되는 의견이나 사례를 고려하고 있는가?	회
8. 반대 의견이나 사례의 문제점에 대해서도 비판적으로 이야기하고 있는가?	회
9. 글을 읽으면서 기사 내용 이외에 떠오르는 생각들은 무엇인가?	회
10. 기사 내용 중에 타당하지 않다고 생각되는 부분은 어디인가? 만일 고쳐 쓴다면, 어떻게 하는 것이 좋은가?	회

• **숨어 있는 전제 찾기로 비판적 사고력을 키워 주는 엄마의 질문법** "만일 네가 ○○라면 어떨까?" "만일 네가 ○○라면 어떻게 했을까?" "○○의 입장에서 ~을 생각해 보면 어떨까?"	회
• **소크라테스식 질문으로 비판적 사고력을 키워 주는 엄마의 질문법** 1. 아이의 생각을 명확하게 하기 위한 질문 　"왜 그렇다고 생각하니?" 　"방금 말한 것이 우리가 토론하는 것과 어떤 관계가 있니?" 　"네 생각을 한번 요약해 볼래?" 　"좀 더 자세히 설명해 줄래?" 　"이 문제의 가장 중요한 점은 무엇이니?"	회

아이의 반응:

아이의 질문:

2. 가정을 다시 확인하게 하는 질문 "네가 주장할 때 기본적으로 가정하고 있는 것이 무엇이니?" "너는 이렇게 가정하고 있는 것 같은데, 내가 맞게 이해한 거니?" "가정을 달리할 수는 없을까?" "가정을 검증하거나 부정할 수 있는 방법은 없을까?"	회
3. 원인과 증거를 찾게 하는 질문 "이 문제와 관련된 구체적인 예로는 무엇이 있을까? "이것과 비슷한 것으로는 무엇이 있을까?" "무엇이 이런 문제를 일어나게 했다고 생각하니?" "이것과 관련해 더 찾아볼 정보로는 무엇이 있을까?" "방금 말한 것이 사실이라는 것을 어떻게 알 수 있지?"	회
4. 관점에 대한 질문 "이 문제를 해결할 수 있는 대안은 무엇일까?" "고려할 수 있는 다른 측면은 있을까?" "네 의견이 가장 좋다고 생각하는 이유는 무엇이니?" "네 대안이 왜 필요하고, 누가 이익을 보게 되는지 설명해 줄래?" "혹시 누가 네 의견에 대해서 반박을 한다면, 어떻게 할까?"	회
5. 시사전과 결과를 생각하게 하는 질문 "네 생각을 바탕으로 일반화할 수 있는 원리 같은 것이 없을까?" "네가 지금 내린 결론과 관계있는 것을 학교에서 배운 적이 없니?" "네 의견대로라면, 일어날 가능성이 큰 사건은 무엇이고, 반대로 가능성이 희박한 사건은 무엇이니?" "이 문제를 해결하기 전에 꼭 살펴보아야 할 다른 문제는 없니?" "만약 ~(하)게 바뀌었다면 문제가 어떻게 달라졌을까?"	회

질문 고쳐 보기:

6. '질문에 대한 질문'으로 생각을 키워 주는 질문 　"내가 한 질문의 핵심이 무엇이니?" 　"내가 왜 이런 질문을 했다고 생각하니?" 　"이런 질문이 정말로 중요한 질문이라고 생각하니?" 　"방금 한 질문을 다른 말로 바꾸면 어떻게 될까?"	회

● 의사소통 및 협동 능력을 키워 주는 엄마의 질문법

· 의사소통 능력을 키워 주는 질문 　1. 긍정적인 마음으로 상대방의 이야기를 들었는가?	회
2. 애매한 표현을 많이 쓰지 않았는가?	회
3. 상대방의 감정 변화에 신경을 썼는가?	회
4. 자기 감정을 적극적으로 표현했는가?	회
5. 유머를 얼마나 섞어서 이야기를 했는가?	회
6. 상대방에게 질문을 얼마나 했는가?	회

아이의 반응: ....

....

....

아이의 질문: ....

....

엄마의 질문법

7. 상대방이 물어봐 주기를 바라는 질문을 했는가?	회
8. 자신의 상황을 먼저 이야기했는가?	회
9. 자기만 아는 이야기를 오래 하지 않았는가?	회
10. 상대방의 이름을 자주 불렀는가?	회

• 정보 문해력을 키워 주는 엄마의 질문법

• **비판적 사고와 연결하여 정보 문해력을 키워 주는 질문** 1. 정보의 출처를 알아보고 그 신뢰성 평가하기 　"이 사이트는 믿을 만한 곳이니?" 　"이 글에 대한 다른 사람들의 댓글이 긍정적이었니?" 　"인용한 사실이 어디에서 가져온 것인지 출처를 밝혔니?" 　"다른 사이트나 전문가들도 비슷한 말을 하는지 확인해 보았니?"	회
2. 중간에 자기 입장을 확인하는 것을 돕는 질문 　"글을 읽으면서 네 생각이 어떻게 바뀌었니?" 　"너는 이 글에 동의하니? 그렇다면 이유는 무엇이니?" 　"너는 이 글을 기꺼이 너와 비슷한 다른 사람에게 추천할 수 있겠니?"	회

질문 고쳐 보기:

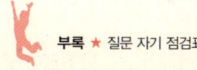

3. 사실과 의견을 구분하는 것을 돕는 질문 　"이 글에서 예로 든 사실과 글쓴이의 주장이 잘 맞아떨어지니?" 　"이 글에 사실이 아닌 추측을 바탕으로 쓴 부분이 있었니?" 　"근거가 부족한데도 주장을 편 부분은 어디니?"	회
4. 다양한 관점으로 읽는 것을 돕는 질문 　"이 글의 주장에 반대하는 사람이 읽는다면, 어떤 부분을 비판할 수 있을 　까?" 　"이 글의 내용이 적용되지 않을 상황으로는 어떤 것이 있을까?" 　"글 쓴 사람이 고려하지 못한 점은 무엇일까?" 　"네가 여자(남자)라면 이 글을 어떻게 읽을 것 같니?" 　"네 나이가 스무 살 정도 더 많다면, 이 글을 어떻게 읽을 것 같니?"	회
5. 정보 속에 숨어 있는 편견을 골라내게 해 주는 질문 　"글 쓴 사람이 당연하다고 여기는 것 중에 네가 동의하기 힘들거나 반대하 　는 것은 무엇이니?" 　"글 쓴 사람이 가지고 있는 편견으로는 어떤 것이 있을까?" 　"글에 숨어 있는 편견을 어떻게 하면 바로잡을 수 있을까?"	회

• 정보 문해력을 키워 주는 SQ4R 질문법

1. 훑어보기(Survey) 　"자료의 제목에 대해서 생각해 보았니?" 　"이 자료에서 알고 싶은 것은 무엇이니?" 　"이 자료의 주제에 대해서 이미 알고 있는 것은 무엇이니?" 　"자료의 처음과 끝, 도표, 요약을 훑어보았니?"	회

아이의 반응: ....

....

아이의 질문: ....

....

엄마의 질문법

2. 질문하기(Question)
"훑어보기를 하는 중에 생각난 질문들이 있니? 있다면, 무엇이니?"
"자료의 제목을 질문으로 바꾸면 어떻게 될까?"
"자료의 내용 중에 이상하거나 이해가 잘 안 가는 점은 무엇이니?"
"자료를 만든 사람이 주장하고 싶은 점은 무엇이라고 생각하니?"

회

3. 정독하기(Read)
"질문과 관계가 있는 내용은 무엇이니?"
"내용을 읽으면서 바뀌었거나 새로 생긴 질문은 무엇이니?"
"내용을 이해하려 할 때 헷갈리는 부분은 어디니?"

회

4. 외우기(Recite)
"질문에 대한 답이 될 만한 내용을 외웠니?"
"기억하려는 항목들 사이에 어떤 관계가 있니?"
"이 자료를 보고도 해결되지 않은 질문은 무엇이니?"

회

5. 요약하기(wRite)
"요약문에 쓸데없는 정보가 들어와 있지는 않니?"
"네 질문에 대한 답과 네 주장이 요약문에 명확히 드러나 있니?"
"요약문을 완성하기 전에 자료와 네 생각을 비교해 보았니?"

회

6. 다시 보기(Review)
"주요한 질문들에 답할 수 있게 되었니?"
"요약문 등 네가 쓴 글을 보고 생각난 것은 무엇이니?"
"아직 해결되지 않은 문제와 관련해서 나중에 찾아야 하는 자료의 주제는 무엇이니?"

회

질문 고쳐 보기:

● 리더십과 책임감을 키워 주는 엄마의 질문법

1. 호기심을 키워 주는 질문 　"○○○은 어떻게 움직이지?" 　"○○○의 안에는 무엇이 있지?" 　"○○○은 왜 이렇게 되었을까?"	회
2. 학구열을 키워 주는 질문 　"○○ 과목은 어떤 점에서 너에게 도움이 되는(혹은 될) 것 같니?" 　"네가 최근 몇 개월 동안 공부한 것 중에 알게 되어서 정말 다행이다 싶은 　것은 무엇이니?" 　"네가 일상생활에서 경험한 것 중에 학교 공부를 이해하는 데 도움이 되는 　게 있었니? 있었다면, 무엇이니?"	회
3. 판단력을 키워 주는 질문 　앞에 나온 비판적 사고력과 정보 문해력에 관한 질문들을 활용하자.	회
4. 창의성을 키워 주는 질문 　앞에 나온 사회적 맥락을 생각하게 하는 질문, 차별적인 관점을 강조하는 　질문, 깊이 있는 사고를 촉진하는 질문, 시각을 달리하여 보게 하는 상상 　촉진 질문, 통합적 관찰을 촉진하는 질문을 활용하자.	회
5. 사회성 지능을 키워 주는 질문 　앞에 나온 공감 능력과 의사소통 능력을 키워 주는 질문을 활용하자.	회
6. 예견력을 키워 주는 질문 　앞에 나온 정보 문해력에 관한 질문을 활용하자.	회

아이의 반응:

아이의 질문:

7. 호연지기를 키워 주는 질문
　　"네가 스트레스를 받는 것은 원래 그 문제가 심각하기 때문일까, 아니면
　　네가 여유를 가지지 못하고 조급하게 생각해서 문제가 더 심각해진 것일
　　까?"
　　"너는 얼마나 주체적으로 네 문제를 해결하고 있다고 생각하니?"
　　"어려운 문제에 부딪혔을 때 거침없이 돌파하는 사람, 문제를 회피하거나
　　남이 해결해 주기를 기다리는 사람이 있다면, 너는 누구와 더 가까이하고
　　싶니?"

회

8. 끈기를 키워 주는 질문
　　"○○○이라는 목표를 어떻게 하면 더 구체적으로 바꿀 수 있을까?"
　　"네가 말했던 성과를 이룬 사람이나 그것과 관련된 사건을 최근에 본 적이
　　있니?"
　　"성과를 좀 더 구체적으로 느낄 수 있게 그림이나 표어로 나타낸다면 어떻
　　게 될까?"

회

9. 지조를 키워 주는 질문
　　"너는 예전에 왜 그런 결심을 했니?"
　　"네가 ○○ 문제와 관련하여 예전과 같은 점은 무엇이고, 달라진 점은 무
　　엇이니?"

회

10. 친절함을 키워 주는 질문
　　"너는 그 아이를 어떤 면에서 특히 존중해야 한다고 생각하니?"
　　"그 아이의 장점은 무엇이니?"
　　"너는 그 아이에 대한 존중심을 어떤 행동으로 표현하고 있니? 그리고 그
　　아이는 너를 어떻게 존중해 주고 있니?"

회

질문 고쳐 보기:

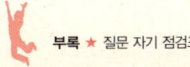

11. 사랑을 키워 주는 질문 "그 사람이 필요로 하는 것은 무엇이니? 너는 그것을 어떻게 줄 수 있겠니?" "네가 가지고 있는 좋은 것 중에서 그 사람과 나눌 수 있는 것은 무엇이니?"	회
12. 시민정신을 키워 주는 질문 "최근에 벌어진 ○○ 사건에 대해서 너는 어떻게 생각하니?" "○○ 문제에 대해서 너는 문제해결에 도움이 되는 어떤 행동을 할 수 있겠니?" "○○ 일이 벌어졌을 때 너는 무엇을 하고 있었니? 무엇을 했어야만 했을까?"	회
13. 공정성을 키워 주는 질문 "이 일에 대해서 누구에게 어떤 책임이 있지?" "이 문제와 관련하여 처벌을 받거나 상을 받아야 하는 사람은 누구일까? 그리고 그래야 하는 이유는 무엇이지?"	회
14. 지도력을 키워 주는 질문 "문제해결을 위해 무엇이 필요할까? 무엇을 해야 할까?"	회
15. 자기 통제력을 키워 주는 질문 "지금 네 기분은 어떤 것 같니?" "화가 나거나 기분이 좋다는 이유로 서둘러 판단을 내렸다가 손해 본 적은 없었니?"	회

아이의 반응: ....

....

....

아이의 질문: ....

....

엄마의 질문법

16. 신중함을 키워 주는 질문 　한 문제에 대해서 "왜?"라는 질문을 계속 던지며 깊이 생각하게 하는 '5 　why' 기법을 활용하자.	회
17. 겸손함을 키워 주는 질문 　"어떤 아이가 자기 자랑을 할 때 너는 어떻게 반응했니?" 　"혹시 남이 묻지도 않았는데 자기 자랑을 한 적은 없니?"	회
18. 감상력을 키워 주는 질문 　"○○은 기쁜 일에 가까울까, 슬픈 일에 가까울까?" 　"그 아이가 느낀 감정은 어떤 것이었을까?" 　"네가 그때 느낀 감정을 다른 일에서도 느낀 적이 있니? 있다면, 어떤 일 　이었니?"	회
19. 감사하는 마음을 키워 주는 질문 　"오늘 네가 겪은 일 중에서 가장 감사할 만한 일을 한 가지만 말해 볼 　래?" 　"가족 이외의 다른 사람에게 너는 고마움을 어떻게 표현하고 있니?" 　"사람들은 어떻게 감사 표현을 할 때 가장 만족스러워할까? 네가 다른 사 　람에게 도움을 주었을 때, 그 사람이 어떻게 고마움을 표시하면 진실되 　다고 생각할 것 같니?"	회
20. 희망을 키워 주는 질문 　"네가 처한 상황에서 용기를 주는 가사를 가진 노래로는 어떤 것이 있을 　까?" 　"어려움을 딛고 멋지게 성공한 사람으로는 누가 있지? 그 사람이 했던 행 　동 중에 네가 따라 할 만한 것은 무엇일까?"	회

질문 고쳐 보기:

부록 ★ 질문 자기 점검표

21. 영성을 키워 주는 질문
  "너는 사람들이 마음속에 소중하게 간직하고 있는 가치들이 무엇이라고
  생각하니?"
  "사람은 죽으면 어떻게 될까?"
  "어떤 삶이 행복한 삶일까?"

회

22. 용서하는 능력을 키워 주는 질문
  "다른 사람이 네게 한 실수 중에 너도 다른 사람에게 범한 실수로는 무엇
  이 있니?"
  "그 사람은 왜 그런 실수를 한 것일까? 그럴 만한 이유가 있었던 것은 아
  닐까?"
  "그 사람을 용서하는 것이 이익일까, 혼내는 것이 더 이익일까?"

회

23. 유머 감각을 키워 주는 질문
  "요즘 들은 재미있는 이야기로는 어떤 것이 있니?"
  "지난번에 본 개그 코너를 네가 더 재미있게 바꾼다면 어떻게 할 수 있겠
  니?"

회

24. 열정을 키워 주는 질문
  "네가 이번에 이렇게 더 발전하게(진전을 보이게) 된 계기는 무엇이니?"
  "내가 도와줄 일은 무엇이니?"
  "엄마는 네가 정말 대견스러워서 남들에게 자랑하고 싶은데, 요즘에 어떻
  게 노력하고 있는지 자세히 말해 줄래?"

회

아이의 반응:

아이의 질문:

262

● 성공한 리더에게 배우는 질문법

1. 실행 가능한 대안은 무엇인가요?	회
2. 제안한 대안의 장단점은 무엇인가요?	회
3. 왜 꼭 이런 식으로 하지요?	회
4. 이 일과 관련해서 우리가 배울 점은 무엇인가요?	회
5. 이 일의 목적은 무엇인가요?	회
6. 이번 일을 하면서 가장 좋았거나 신났던 일은 무엇인가요?	회
7. 우리 함께 몇 가지 일을 검토해 볼까요?	회
8. 이것이 최선의 방법인가요?	회
9. 당신은 이번 일에 어떻게 기여했나요?	회
10. 이번 일을 설명할 때 육하원칙에 따른 질문들에 모두 답을 할 수 있나요?	회

질문 고쳐 보기:

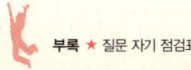

부록 ★ 질문 자기 점검표

아이를 글로벌 리더로 키우는
엄마의 질문법
ⓒ 김미라 · 이남석 2012

초판 1쇄 인쇄 2012년 4월 25일
초판 1쇄 발행 2012년 5월 02일

지은이 김미라, 이남석
펴낸이 이기섭
기획편집 최광렬, 신호승
마케팅 조재성, 성기준, 정윤성, 한성진, 정영은
관리 김미란, 장혜정
디자인 DesignZoo

펴낸곳 한겨레출판(주)
등록 2006년 1월 4일 제313-2006-00003호
주소 121-750 서울시 마포구 공덕동 116-25 한겨레신문사 4층
전화 02)6383-1602 **팩스** 02)6383-1610
대표메일 edu@hanibook.co.kr

ISBN 978-89-8431-569-3 13370

* 책값은 뒤표지에 있습니다.
* 파본은 구입하신 서점에서 바꾸어 드립니다.

* **한겨레**에듀 는 한겨레출판(주)의 교육·학습·실용 브랜드입니다.